图书在版编目（CIP）数据

少年志：中学文化校园营建路径 / 陆激，潘佳梦，
茅炜梃著. — 杭州：浙江大学出版社，2022.9
ISBN 978-7-308-22981-4

Ⅰ.①少… Ⅱ.①陆… ②潘… ③茅… Ⅲ.①中学—
校园文化—建设—研究 Ⅳ.①G637

中国版本图书馆CIP数据核字(2022)第159157号

少年志：中学文化校园营建路径

陆　激　潘佳梦　茅炜梃　著

责任编辑　金　蕾（jinlei1215@zju.edu.cn）
责任校对　秦　瑕
封面设计　林智广告
出版发行　浙江大学出版社
　　　　　（杭州市天目山路148号　　邮政编码　310007）
　　　　　（网址：http://www.zjupress.com）
排　　版　杭州林智广告有限公司
印　　刷　浙江海虹彩色印务有限公司
开　　本　880mm×1230mm　1/32
印　　张　10
字　　数　191千
版 印 次　2022年9月第1版　2022年9月第1次印刷
书　　号　ISBN 978-7-308-22981-4
定　　价　118.00元

走向平衡系列丛书

少年志

中学文化校园营建路径

陆　激　潘佳梦　茅炜梃　著

ZHEJIANG UNIVERSITY PRESS
浙江大学出版社
·杭州·

序 一

从 20 世纪 80 年代起，文化校园营建广受关注。高等院校对此开展的相关研究和实践更多，而对中等学校来说，受各种因素影响，文化校园营建的热度没那么高。近年来，随着中学教育改革日益深入，减负政策的贯彻落实，中学文化校园营建逐渐开始成为中学管理者、教师、家长乃至学生们目光投射的焦点之一。

这不仅仅只有关于校园建设，中学文化校园营建直接融汇并传达着教育理念，对中学生的教育和养成有重要影响。它既是文脉和地域文化传承的载体，又是学校建立个性、辨识度和差异性的重要手段，同时也是承载少年们面向未来的舟楫。可以说，文化校园不仅仅是物质存在，也是精神象征。挪威建筑学家诺伯舒兹的"场所精神"理论联接空间和意义，为文化校园营建提供了有益的理论支撑，因此在相关研究和实践中备受瞩目。场所精神差不多可以是校园文化的代名词。文化校园营建离不开校园文化，设计不应该是独立的、片段的，而是"承上启下、兼顾左右"的；而对场所精神的领悟和体验——感知、认知、归属感、情感反应和意境的产生，为人们在文化校园中体会和理解其所要传达的精神与文化，提供了可操作性的原则和方法。

本书在对文化校园营建进行理论建构的基础上，结合具体的项目实践，进行了有益的探索和思考。区别于一般宏观叙事类的建筑学理论书，本书将着眼点聚焦于中学校园的主角——少年们，从人出发，立足现在，着眼未来。从人的角度、教育的视角，厘清了中学文化校园的场所精神的内核，从建筑学的角度，探索文脉和符号如何抵达少年的内心，最终成为其内心的自觉。本书设定了这样一条路径：从与少年相契的精神出发，建立与精神一致的目标，找到与目标吻合的策略，营造由策略导向的场所，最后，通过由场所引动的情感，抵达由情而生的意义。

2022 年正值温州中学建校一百二十周年，以此为契机营建温州中学的文化校园，既是对一百二十周年校庆的一种祝贺，同时也许还能在温州中学百廿历史节点上留下些许纪念。文化校园的营建是一条漫漫长路，本书理论层面的讨论、研究，都在本次温州中学的文化校园营建中得到了或多或少的验证，也期许设计团队能继续努力，参与并见证温州中学的未来，融入其文化传承和历史之中。

吕森华

2022 年 9 月

序 二

　　1902 年，在清末"新政"的背景下，温州中学的前身——温州府学堂由国学大师、教育家孙诒让先生创立。从此，由中山书院旧址上传出的书声朗朗汇入复兴中华的时代潮流，开启了温州中学跌宕起伏、群星闪耀、波澜壮阔的百廿历史。在救亡图存的民族呐喊中，温州中学守护浙南地区独立自强的革命进步火种；在山河飘摇的抗战烽火中，温州中学数度迁址，保护追求真理的文脉希望；在民族复兴的时代浪潮中，温州中学涌现了一批批杰出校友，成为各行各业的翘楚，并被誉为"数学家的摇篮"和"创新人才的摇篮"。

　　今天的温州中学，积极响应教育改革向纵深发展的要求，科学、精确地进行教育施策，全面有力地推进学术高中的高品质发展。近年来，温州中学被评为全国文明校园、浙江省首批现代化学校、浙江省巾帼文明岗、浙江省教科研先进集体、浙江省"美丽校园"等。温州中学坚持传承守正，变革出新，不断提升教育教学质量。温州中学的创新拔尖人才培养机制日渐成熟，高考成绩、学科竞赛和高校强基计划、自主招生成绩喜人，名列全省前茅；敞式德育课程建设和文化育人德育品牌建构完善，体育、艺术特长项目建设成果全国前列；大力实施素质教育，五育并举培养学生的核心素养，促进体育与德育、智育、美育有机融合，不断提高学生的身心健康水平和综合素养。百廿历史、累累硕果，沉淀下独属于温州中学的校园文化：以"百年学府与先贤办学"为源头，以"数学家的摇篮""创新人才的摇篮""人文社会人才的摇篮"为核心文化，以校训"英奇匡国，作圣启蒙"为行动纲领，以"舒根化种，击磬弘音"为办学理念，塑造"匡国志、强国梦、创未来"的学校精神，致力于培养"大格局，小清新；诚其意，匡国志"的温州中学学子。

本书作者在参与温州中学文化校园营建、主持文化校园设计过程中，与校方密切交流，充分了解历史与文化背景，紧扣百廿校庆这个节点，结合最新的办学理念和丰富的校园活动，创造性地将温州中学文化融入校园环境和校园生活中，展现教学和课余生活场景，为温州中学的文化校园描画了特色鲜明、美丽动人的蓝图。作为一个教育工作者，教育既是一份工作，更是一份责任。当前，中学教育正在发生深刻的变革，新高考、新课标、新课程、新教材背景下的课堂教学改革、生涯规划教育、选课走班制度、学生和教师评价制度等对教育提出了新的要求和命题。教育，越来越回归它的根本——人。正如本书作者所倡导的，中学校园应当在继往开来、推陈出新的基础上，以学生为真正的主角，由少年精神来定义，并成为守护少年精神的场所。正是在这一点上，温州中学的文化校园营建设计，展现出了独有的色彩和勃勃生机。在此基础上，本书作者提出的中学文化校园营建路径，因而具有普遍意义和重要的参考价值。

在未来的时间里，温州中学将以建校一百二十周年纪念为契机，在全面建成"开放性现代化学术高中"的基础上，进一步提升学校在全国的美誉度和影响力。践行校训，持续弘扬以师生核心素养为引擎的价值观，大力构建追求多彩个性交融、多元声音交响、"和而不同"的学校文化，培育"上下古今一冶，东西学艺攸同"的学术氛围，完备更具学科前瞻性的课程体系，引领教育教学改革，把学校办成一所教育思想进步、教育制度健全、师资力量雄厚、创新人才发展、具有国际视野的"全国一流现代化名校"。

感谢本书作者和设计团队在温州中学文化校园营建实践中的努力，此时此刻印下的"年轮"，必将成为校园历史与文化的一部分。这只是一个起点，十分期待在未来与设计团队一起，继续努力，精心营造，成就独属于温州中学的文化校园。

吴 军

2022 年 9 月

序 三

戊戌变法铩羽后的 1900 年，梁启超流亡东瀛，写下了《少年中国说》。《饮冰室文集》洋洋千万言，而至今仍为人所熟知者，惟此数百字——《少年中国说》，闻者莫不慨然。迩来 120 年，两度甲子，任公言犹在耳而少年何往。自 1840 年迄今，仁人志士前赴后继，以复兴中华为己任，踌躇满志者也好，功败垂成者也罢，无不寄厚望于少年，《少年中国说》入选小学课本，原因也当在此。

百日维新虽功败垂成，但有识之士并未因此停步。自 1903 年、1904 年张之洞推动颁布的《奏定学堂章程》启动教育现代化以来，如今国内已形成了非常成熟的现代教育体系。与梁启超所处的塾学时代不同，从幼儿园、小学、中学到大学，分别对应幼儿期、儿童期、少年期和青年期，家庭和社会共同为孩子们的成长设定了一条明晰的路径；相比之下，考试压力最大的中学，恰好对应了本来最该挥斥方遒的少年期。这在某种意义上构成了令人扼腕的落差。体系成熟不应该等同于教条陈腐，梁启超所期待的奋发进取、如长江之初发源的乳虎们，不该被过分沉重的分数磨钝利齿，时光等闲而少年白头，让我们如何期待一个永远前途似海、来日方长的少年中国？

西方有云："Where there is a will, there is a way." 朱熹说："立志不定，如何读书。"外界的期待终究要通过内在的意愿，才能最终成就主体的行动。成长中的少年就如发芽抽枝的树苗，向上的意愿是天生的，重力和阳光共同构成了方向。"三十功名尘与土，八千里路云和月"，立志在先，读书在后。要焕发少年们的鸿鹄之志，养成光风霁月的胸怀，才能超越蝇营狗苟的算计，挣脱污泥浊水的禁锢。少年感，从来就不应该是什么珍稀的品质，而是洋溢在每一个少年身上的阳光；而校园，也应该从机械功利的训练营，进化成为守护少年精神的场所。

正是基于此认识，才有了本书的写作。适逢温州中学一百二十周年校庆，温州市政府与温州中学校方以校庆活动为契机，进行温州中学文化校园营建。2021 年底，由温州中学校友、浙江大学校长吴朝晖院士牵线，设计团队参与其中主持设计。人文主义的建筑道路，一直是设计团队关注和探索的重点，文化校园营建是其中的重要板块。从空间出发，设计团队将目光聚焦教育，结合温州中学的设计实践，既是躬逢温州中学百廿校庆的纪念，也是对中学文化校园建设以及中学教育的管窥之见。

如果要还原写书的动机，那么温州中学校友、团队成员潘佳梦不经意间提及的祭拜"考神"朱自清的"传统"，是命中注定的遇见。文化从来就是一种积淀的过程，朱自清作为文化符号，透过校歌、校训和雕像，已成为温州中学极为重要的"场所精神"。设计团队所做的努力，可以一言以蔽之曰——以可操作性的手法，让少年精神与场所精神产生共振。设计，不应该是某种宏观的叙事和教条，它应该是将传统再现于当下，以有形去表现无形的媒介和工具。少年们是中学校园的主角，中学文化校园营建直接融汇并传达着教育的理念，而设计承担着用少年精神塑造校园、将教育理念以空间方式加以呈现的责任。

本书的完成要感谢多方的帮助。浙江大学校长吴朝晖院士的牵线，促成了温州中学与设计团队的合作；浙江大学建筑设计研究院党委书记吕淼华始终关注并提出了许多的重要建议；温州中学吴军校长、苏丰华副校长、陈只信老师和吕勇老师在过程中给予了充分的信任和协作。设计团队中，潘佳梦负责繁重的资料查询和初稿写作，茅炜桠绘制精美插图。设计团队成员冯余萍、邱媛、吴启星、朱胜忠、钱晓俊和陈秋颖也起到了不可替代的作用。在成稿过程中，责任编辑的耐心和认真也给设计团队留下了深刻的印象。摄影师赵强提供了多种封面及装帧设计以供选择，对本书完成也作出了重要贡献。挂一漏万，在此一并致谢。

真诚希望本书能对校园的设计者、管理者和建设者们有所启发，也期待读者们的宝贵意见。校园营建是一项长期的工作，而文化校园是校园最正确的打开方式，值得我们不断探索。文化校园将伴随少年精神共同成长，永远年轻。

陆　激

2022 年 9 月 19 日夜

于浙江大学西溪求是园

目　录 Contents

I

1

引言：

温州中学的"考神"朱自清

三垟湿地

1.1　校园建设与文化校园营建

1.1.1　中学校园的形象定位

　　著名的博弈论模型"囚徒困境"准确地描述了人心与人性：两个被分别关押的囚犯因为无法建立信任关系，最终会放弃以合作隐瞒罪行来谋取无罪释放的共赢机会，选择以相互揭发来确保刑期较短的次优结果。这个经济学模型，也可以引入教育学领域：相互提防并攀比的家长们，因为无法预知和控制他人的行为，为了不让孩子们"输在起跑线上"，无奈地做出貌似对自己有利的选择——不断给自己的孩子补课，最后大家一起倒在起跑线不远处。这是中国式教育的"囚徒困境"，导向的结果连"次优"都算不上，而只能是人人皆知却无力摆脱的内卷化——非良性的内部竞争引发的人们无端的自我焦虑和内耗，差不多就是努力的"通货膨胀"[1]。

其实，今天的教育还处于另一种"囚徒困境"，同样令人扼腕。

倘若有某个服刑 20 年的囚犯出狱重返社会，他必将产生巨大的陌生感：购物和支付是难题，面对琳琅满目的科技产品与网购扫码支付，他会手足无措；看病是难题，信息化的挂号、就诊、取药流程和高科技医疗器械已超乎其想象；甚至上街也会是难题，车水马龙的交通和智能信号系统让他举步维艰……回归的阻力不仅在于心理障碍，也源于真实的认知难题。然而他一旦回到学校，大概率会顿觉昨日重现：笔直的走廊，方整的教室，排列整齐的座位，循循善诱的老师……一切仍如旧贯，校园中时间像静止了一样，仿佛与他一同"关"了 20 年。

找得到过去，有传统，知源流是好事。然而，作为培养未来人才之地，学校反而成为整个社会中相对封闭守旧的地方，这无疑是种悖谬。慨叹之余应当有所思考：原因何在，出路何往[2]。

1　赵洁."自我异化"与人的复归："内卷化"的实质、成因和纾解[J].理论导刊，2021（10）：101-105.

2　陆激，周欣.读懂教育、设计未来——基于教育理念更新的中小学设计探索[J].城市建筑，2016（1）：20-24.

英国哲学家阿尔弗雷德·诺尔司·怀特海，罗素的老师，认为教育是一个节奏分明、相互衔接的过程，分三个阶段：幼儿园、小学的浪漫期，中学的精确期，大学的展望期。[1]

按怀特海的说法，浪漫期是直接认识事物并开始领悟的阶段。儿童通过认知事实，断续、零碎、模糊地了解这些新事物，并意识到与之相关的各种可能，从而引发认知兴趣，激发情感体悟，产生浪漫遐想。由这种一知半解、若隐若现的模糊状态而瞬间迸发的兴奋，可以使儿童产生探究未知世界的好奇心，形成学习的内在动机，产生纷繁而活跃的思想。因此，幼儿园、小学教育的重点在于，让孩子们以了解为基础对世界有所理解。浪漫期的知识还不具备条理，对未来也无明确认识，却是一生认知乃至价值观形成的起点。

中学属于承上启下的精确期。在这个阶段，学生开始掌握精确知识，学会分析，对此前萌生于大脑中纷繁而活跃的思想进行梳理，对某一种或某一类知识进行补全和增益。相对于幼儿园、小学时期，中学教育的内容更明确、更清晰，是对浪漫期所获得的知识的梳理、排序和理解，是群育和智育的全面培养。"儿童缺乏经验的新鲜感已消失；他们具有以客观事实和理论为基础的一般知识；而更重要的是，他们已经能够在直接经

1 许峰华，岳伟.浪漫、精确与综合——怀特海教育节奏思想探析[J].扬州大学学报（高教研究版），2009，13（5）：3-7.

验中进行独立的漫游，包括思想和行动方面的探索。这时，精确的知识所给予的启发能够为他们所理解。"[1]

展望期则是从青年迈向成人的阶段，开始将一般概念应用于具体事实，用逻辑的方式思考并表达自己，将孩童的知识转变为成人的力量。再埋首苦读就不够了，应当起身高瞻远瞩。这就是大学教育应该引导学生做的事：放开心胸，走出自我，把个人与社会连接起来，进而连接到国家、人类、历史、宇宙，乃至信仰。

与之相对应，属于教育浪漫期的幼儿园和小学的校园形象很自然地趋向活泼多变，这与现实相当吻合；而属于教育展望期的大学，则普遍重视自身校园形象的塑造，是文化校园研究和建设的热点；而夹在中间的属于教育精确期的中学，则既无启蒙教育的天真烂漫，也无高等教育的意气风发，其校园形象也仿佛陷于"困境"中，与其说具有一丝不苟的精确性，还不如讲与刻板生硬更接近。怀特海的三阶段分期本身或者可以商榷，却像是给中学校园形象的刻板生硬提供了某种解释。

众所周知，中学教育真正的困境或许在于应试教育，校园也难逃此罗网。当绝大多数的注意力被分数掌控，老师们和学

1　阿尔弗雷德·诺思·怀特海.教育的目的 [M]. 徐汝舟，译.北京：生活·读书·新知三联书店，2002.

温州中学·在教学楼架空层眺望毓秀园

生们都忙于考试，中学校园能有何种形象不问可知。

1.1.2 形象、意义与文化

对特定的地方，如某座城市或某个乡镇而言，幼儿园、小学、中学和大学的校园分别扮演着不同的角色，承载了不同的意义。幼儿园的规模小，其往往是一城一地建筑图景中活泼的"点"，色彩鲜艳，富于童趣，在城市形态中常是亮点；虽然亮眼，但影响有限，重要程度也相对不高。大学则相反，普遍规模较大，不但自身占据一大片土地，并且还辐射周边，形成以大学为核心的学习与生活社区。大学常是所在地重要的形象代表，不仅从知识层面代表着一城一地的文化高地，在形象上也起到类似的作用。而且大学校园因为占地大，容积率相对较低，在城市中，还常有"绿肺"之称 [1]。

中学的校园规模一般比幼儿园的大，比大学的小，正好处在两者之间。其在一城一地的形象定位既没幼儿园那么出挑，也不如大学重要。这也分两种不同的情形：在大城市中，往往有几十或者上百所中小学，中小学校园会是城市形态中底色的一部分，并不突出；而在乡镇，可能就一两所中小学，校园形象对当地就更重要一些。但乡镇的经济能力有限，决定了其对形象的要求也有限，中学校园的形象，因此也会相对"平庸"一些。

与大学校园的另一个不同之处在于，大多数中小学校园实行封闭管理，不对外开放，校园生活与城乡生活截然割裂，互不相关。因此，尽管不少中学本身也是当地的重要的"名片"，但其校园往往不是。而大学校园不仅对生活在周边的民众而言是休闲放松的"公园"、健身运动的"球场"、摄影爱好者的"基地"，甚至还成为专程组团参观的旅游目的地。只要有主观意愿，大学校园有很大机会成为所在地的地标，而中小学校园与之相比则望尘莫及。

在此基本判断之下，从文化校园营建的角度，有必要追问一下中小学校园形象对其自身的意义，以及对地方的意义。

1　庄逸苏，潘云鹤.论大学园林[J].建筑学报，2003（6）：7-9.

幼儿园校园以其活泼多变的形象而对外彰显它的价值观：守护儿童天性的家；大学校园则以殿堂般的仪态或先锋的姿势，昭示其文化堡垒和引领者的身份。两者的形象各昭其志，各安其分，既是自我表达的需要，也是一城一地建筑文化中不可或缺的一环。而当下中小学校园相对刻板的形象其实也是其价值观的映射："考试的训练营"，对营建地方形象的兴趣有限。由是而观之，相由心生，价值观总会显形，还真是颠扑不破的真理。

一城一地在通过建筑文化展示自身面貌时，显然不会去强调自己"营地"的一面，而"训练营"的联想，更不会对中学那些青涩少年们有任何吸引力。因此，中小学校园形象事实上面临着重新自我定位的挑战。与幼儿园和大学的校园形象相比，其困惑在于，中学校园是中学文化的映射，而中学校园文化本身，也同样存在一个从应试教育中挣扎出来，进行价值观重建的问题。中学校园文化和文化校园营建，自有其迷惘的一面。

这就存在一个意味深长的选择。大多数时候，人的行为与其对意义认知是一致的。人们总是会选择去做对自身有意义的事，而避免那些没有意义的行为。人们也会短时间坚持一些符合自身利益但与意义认知相违的做法，但长时间处在这样的状态下就会产生焦虑。有时，人们会因为利益而选择改变自己的

温州中学·校史岛

校史岛作为温州中学百廿历史的文化载体，再现温州中学四大校门、春草池、怀籀亭等历史记忆，激发校园归属感、认同感。

意义认知，以使不得不如此的行为和意义认知达成一致，很多时候，这样的选择会带来成功。这里不讨论人们在利益与意义之间的选择或妥协，也不讨论鱼和熊掌如何兼得或是否能兼得的问题。在中学文化校园这个话题上，意义与认知的落差看起来会长期存在，应试教育的现实与文化校园的理想要"长期共存"，而且相互没有妥协的可能。文化校园不可能竖起大旗宣称自己要彰显考试文化[1]，但短时间只谈文化，不管考试成绩，也做不到。这样，做何选择、如何选择就成为一个必须要去尝试解答的问题。

再进一步，无论对地方还是中学本身而言，还有一个问题也值得思考：中学校园，究竟是文化传承的载体，还是面向未来的舟楫，或者要兼顾两者。一所好的中学，往往有潜力成为一个城市归属感、认同感、自豪感的来源，正如温州中学之于温州，镇海中学之于宁波，学军中学之于杭州。这是否意味着中学校园也被天然赋有传承文化，成为地域象征的使命？而作为少年养成之所，一地一城乃至一国一族未来之所寄，面向现代化、面向世界、面向未来又是中学教育不可推托的责任[2]。中学文化校园营建，这也是一个至关重要的立足点。在过去和未

---

1 这样的例子还是有的，对于那些著名的"考试营地"，应试文化明显就是校园文化最核心、最突出的元素，文化校园因此也明显被营建成为"考试校园"。

2 朱丽兰.从面向现代化、面向世界和面向未来的高度谈科技和教育[J].清华大学教育研究，1997（2）：4-10.

温州中学·榆树

温州中学的榆树作为美的校园的一部分，见证了一代代温州中学学子的成长，营造了独属于温州中学的个性、辨识度。

来之间，如何找到自身的定位，也是文化校园营建所必须关注的重点。

1.1.3 中学文化校园营建的意义

文化校园营建是校园建设的重中之重，也是当经济基础达到一定程度后，从解决有的问题，过渡到解决好的问题时最核心的诉求。可以从下述几个层面来认识其重要性。

首先，文化校园营建是学校建立个性、辨识度和差异性的重要手段。从传承的角度看，学生一届一届来了又去，老师们一代又一代薪火相传，校园很多时候会是最"稳定"的一环。在校园文化这棵大树中，出色的老师是根源，是一切的起点；优秀的学生是长成的果实，是唯一的目标；而美的校园，则是同样不可或缺的树身，是婆娑的枝干。从时间中观照，总有一天老师们和学生们也会散去，那时，校园就像塔克拉玛干沙漠中倒地千年而不朽的胡杨，会成为记录当年盛况的遗迹。从这个角度理解，文化校园就是从老师们和学生们心里抽取精华，代代相承凝聚而成的物化的精神象征。没有经历过文化校园营建的学校，就不算真正完成自我建立。

其次，文化校园营建是学生们形成归属感的必由之路。对中学生来说，在校园所待的时间之长甚至会超过自己的家。因此，仅仅把学校视为课堂，对他们是不公平的。他们的生活里不仅仅只有学习和考试，他们在这里成长，在这里哭和笑，在这里跑和跳，在这里争吵后和解，交到一生最好的朋友……正如陶行知所言，天然环境与人格陶冶，很有密切关系，校园环境会直接影响学生的情感、行为、观念乃至人格，可不慎哉。

再者，文化校园营建因此也可以被认为是教育体系中不可或缺的一环。甚至有时可以这样希望，当教育被考试折磨得奄奄一息时，文化校园有没有可能先行一步，走出贫乏和空虚，走出冰冷和麻木，带来一份温暖和亮色？

　　然后，文化校园营建还有可能充实地方文化，形成地方传承。校园作为集体记忆的一部分，会刻进在此成长的少年的人生中。作为一个地方和一个族群的未来，其重要性超越言说。未来留在故乡的那部分少年，他们的品格就是地方和族群的品格，他们的命运就是地方和族群的命运。文化校园会通过他们，把影响力传递出去，最后融入地方和族群的传统。而对未来将离开故土走进世界的那些少年，文化校园将是他们故土风物的一部分，陪他们登山临水走向远方，成为他们精神故乡中明媚的春色，就像我们从百草园到三味书屋中看到的那样，文化校园同样会通过他们，播散到异乡或异国。

　　最后，营建文化校园，也就是在记述校史和地方志。薪火燃尽，烛照一生而桃李天下的老师们是校史；在各行各业各有所长、各有所成的学生们是校史；而此地一草一木、一砖一瓦也是校史。校史由人物、事件和地方构成，文化校园就是这个地方。如果说在筚路蓝缕以启山林之初，破破烂烂的校舍再简陋，也会在历史的记忆中变得金贵，那么，当学校成长到一定的阶段，更精致而更有格调的校园环境，不仅仅是师生们、校友们和社会各界共同的诉求，也是历史的选择。

温州中学·榕树

温州市树榕树在温州中学湿地小岛茁壮，该图摄于温州中学"心形"岛。

1.2 "考神"与场所精神

1.2.1 温州中学百廿校庆

温州中学一般认为可追溯到 1902 年，由经学大师、教育家孙诒让（1848—1908）创办。孙诒让商请有关人士将温州府属中山书院改为温州府学堂，此为温州中学创校之始。温州府学堂后历经更替，先后为温州府中学堂、浙江第十学堂、浙江第十中学校、浙江省立第十中学校等。1906 年，温州地方当局又延请孙诒让以旧校士馆为址创建温州师范学堂，后易名为温州师范学校、浙江第十师范学校。1923 年，根据教育部学制的要求，浙江省立第十师范学校和浙江省立第十中学校两校合并，校名仍为浙江省立第十中学校。1933 年，更名为浙江省立温州中学（简称温州中学）并沿用至今。后将 1902 年温州府学堂作为温州中学创校之始，又将两校合并之日 10 月 11 日议定为温州中学校庆纪念日。

2022 年 10 月，适逢温州中学一百二十周年校庆，温州市政府与温州中学校方商议以校庆活动为契机，结合庆典准备，开展温州中学文化校园营建。2021 年底，由温州中学杰出校友、浙江大学校长吴朝晖院士牵线，设计团队恭逢盛举参与其中。恰巧团队成员是温州中学 2004 级校友，2002 年建成投入使用的现校址三垟湿地校区，正是她当年弦诵之所。为能参与母校建设，她倾力投入，不辞昼夜，并且抚今追昔感慨良深。

 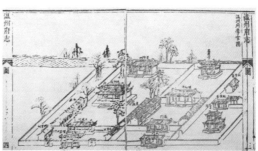

孙诒让　　　　温州府学堂官图

设计团队一直关注建筑文化研究，在文化校园营建方面积累了不少经验，对教育特别是中学教育也有自己的思考。借此总结既往经验，结合温州中学的文化校园建设，积设计之余暇草成此书，算是温州中学百廿校庆的一份纪念，也是对中学文化校园建设以及中学教育的一点建议。

1.2.2 "考神"与传承

温州中学据说有"朱自清崇拜"。

在三垟湿地校区，从宿舍往教学楼半道上，立有温州中学前教员朱自清的铜像。"朱老"平时也就安安静静立着，向路过的同学微笑；但每逢大考，"朱老"注视的目光仿佛格外有力，所以同学们纷纷自发在像前供瓜果点心，祈求考个好分数。这总是一种精神寄托。于是，朱自清便仿佛化身为温州中学专属

温州中学·朱自清铜像

的"考神"；此供"朱"之仪，几乎成为温州中学莘莘学子代代相续的传统。

诺伯舒兹讨论建筑现象学，追溯至古罗马时代。古罗马人认为，所有独立本体，包括人和场所，都有专属的"守护神灵"相生相伴，并代表了场所的特性和本质，即"场所精神"。一般将"场所精神"英译为"spirit of place"，但诺伯舒兹用的是"genius loci"，直译为地方守护神，略等同于中文语境的"土地神"。

朱自清肯定想不到有一天自己会变成"土地神"，但温州中学的师生们都认为，朱自清作为文化符号，已成为温州中学极为重要的"场所精神"。并且，与一般牵绊于特定区域的"地方守护神"不同，朱自清作为"场所精神"，代表的不是一个具体的地方，而是温州中学这个特定的"场所"。温州中学的校址可以变迁，但"朱老"永远是温州中学的"考神"，守护一代又一代的温州中学的学子。

1.2.3 场所精神与文化校园

温州中学数迁其址，三垟湿地校区建成才 20 年，而朱自清于 1923 年 2 月携眷来温，在浙江省立第十中学校任教，两者相差近 80 年。

这就涉及："场所精神"的"场所"（place）与"精神"（spirit）是否可以分离？在多大程度上可以分离？分离后，原来的场所究竟是怎么样的存在？被分离的精神又是什么？如果"场所精神"重新找到具体的表达，即又找到了新的场所，新的"场所精神"与旧的"场所精神"有何异同？有哪些变化？会因为离开原来的场所失去了一些什么，保留了什么，增加了什么吗？新的"场所精神"与旧的"场所精神"究竟是什么关系，是两个有血缘的"亲戚"，又或是在新的场所重生的那个"祂"？……这一系列问题，其实又可以换一种问法："场所精神"从何而生？因何而在？如何变迁？这个变迁，是不离原有场所的发展，还是因迁址而导致的改变？

换一个词语，用"土地神"代替"场所精神"，这些疑问是否又有新解？"土地神"能脱离场地而独立存在吗？能搬迁祂的神庙吗？搬家后的"土地神"的新家和老家又分别是什么？

场所精神很容易被认为是校园建设，特别是文化校园建设

最重要的内核。但正如梅贻琦先生谈教育"所谓大学者，非谓有大楼之谓也，有大师之谓也"，校园文化建设有时会像伪命题：人和事件才是校园文化的主角，校园本身只是载体，故此从精神层面关注校园文化建设是题中应有之义，那物质环境层面的文化校园建设是否只是可有可无的内容？或者说文化校园建设中"精神"是很重要的，"场所"是无所谓的吗？更进一步，那什么才是文化校园营建的核心命题？

温州中学 校史岛

温州中学的四大校门、春草池、怀籀亭的因址变迁，场所精神在新的校区再现。

1.3　中学文化校园营建的核心命题

1.3.1　文化命题：唯分数论的对面

　　一提到中学，大部分人的脑海中会条件反射般跳出中考与高考。这两个明晃晃的考核标准（甚至是唯一标准），将"应试"二字深深地刻在中学文化中。从这个角度上说，当下的中学文化其实就是应试文化。

　　时至今日，应试教育饱受批评却难以被放弃，究其原因恐怕在于应试教育适合当下的需要。所以能否脱离唯分数论来诠释中学文化？拒绝在文化校园营建中展示应试文化是正确的选择吗？

　　其实，是有以应试文化为主题的文化校园营建案例的。当我们在反对应试文化时，我们具体反对、真正针对的究竟是什么？反对的仅仅是考试本身吗？恐怕不是的，我们反对的应该是唯分数论下人的精神上的贫乏、价值观的扭曲、思想的禁锢以及"分数至上"留给绝大多数"分数失败者"的阴影。

　　所以，唯分数论的对面是什么？是素质教育，还是以人为本，抑或是其他什么？中学文化校园营建的核心问题首先就应该是文化命题，而这个文化命题，作为唯分数论的对面，究竟应该是什么，有很多答案，哪个答案更接近，也需要去思考和探索。

1.3.2　校园命题：封闭营地的活力

围墙并非中国独有，不同的文化对围墙的认知也不一样。"好篱笆造就好邻家"[1]，是美国人的观点。无论如何，围墙是中国文化中比较突出的一个符号。如今，城市的围墙已经不存在了，少数保留的城墙也不再有功能作用，而是供人参观游览的文物遗迹。但现实生活中"活着"的围墙并不少。而在各色各样的围墙中，校园的围墙无疑十分显眼。尤其在中小学校里，校园是封闭的，非请勿入。即使是学生家长，非经学校批准、门卫允许，也不得其门而入。返校的校友们一定也有这样的经历，学生时代不太想进去的校园，一旦毕业，你就很难进去了。

中小学校园严格实行封闭管理的时代，差不多跟应试教育开始占据初等和中等教育主导地位同步。"传统"的现代教学体系下的班级和年级制度，将校园视为专门的教育场所，突出其教学职能。封闭符合这个体制对管理的要求，也意在排除社会不安定因素的干扰。这使得校园更加安全、更加高效及更便于管理。其负面的后果就是校园与社会隔离，进而导致了学校教育中社会性人格培养的缺失，过分孤立的年级和班级设定以及教学运转制度，也使不同年龄之间的学生缺乏沟通交流。可以

1　美国谚语"Good fences make good neighbours"，转引自美国诗人罗伯特·弗罗斯特的诗《修墙》（"Mending Wall"）。

说，封闭管理有得有失。

近年来，随着社会发展和教学理念的更新，出现了开放校园的呼声。但开放与封闭，这是一个问题吗？我们所呼吁的开放，是空间意义上的开放，还是观念意义上的开放？或者，我们可以换个问法，封闭的营地缺少什么？是不是可以这样认为：与其说缺少的是开放，不如说缺少的是活力。那么，该如何给封闭的校园注入活力？文化校园营建或许可以提供一部分答案。

文化校园营建因此还承担着一个校园命题：在当下以封闭管理为主导的校园制度下，能否弥合封闭和开放这一对矛盾，又在多大程度上能提供有益的帮助。

1.3.3 少年命题：成长的烦恼

如果说无忧无虑是童年的标签，成长的烦恼则是少年们挥之不去的日常。少年维特的烦恼开启了一个狂飙突进的时代[1]，现实中的少年生活也许没有这么戏剧性，谁都免不了要在青春萌动的烦恼中长大成人。

---

1 《少年维特的烦恼》是德国作家歌德于 1774 年创作的中篇小说，虽然描述的是一个少年的爱情故事，但其本质体现的是对传统的反抗、对个性解放的强烈意愿，是对当时现实的反映，同时还体现了狂飙突进的时代精神，是追求突破的少年最真实的心像。

不过，如今被困在校园中的少年的烦恼也逃不开应试教育的控制。有研究表明，中学生日常烦恼因子按均分排序依次为：学业、家庭、校园、自尊、异性和教师 [1]。其中排名第一的烦恼，主要是来自学习、考试、升学方面的压力；其次才是人际关系、学校适应不良、父母不当的教养方式以及老师的认可等；而随着年级的升高，少年对自己的身材、外貌、异性交往等方面的烦恼也逐渐增多 [2]。

考虑到校园或校园生活给少年们的压力还在自尊、异性和教师上产生影响，也许文化校园营建能为少年的烦恼提供一些特殊的疗愈作用。比如，在能包容、自如徜徉的校园文化中，让少年们暂时摆脱考试的压力；或在文化校园的各个角落，在脱去应试竞争者的身份之后，给少年们一个认识彼此、交流沟通的机会；抑或是让少年们在各色各样的校园文化活动中发现自我，肯定自我，拥抱自我。成长的烦恼无法避免，但文化校

---

1 张智，李文芳，梁庆，等.中学生日常烦恼与应对方式的初步研究 [J].中国行为医学科学，2006，15（7）：641-643.

2 在私塾时代，在少年烦恼的因子排序中，学业或许不会是第一位的。巴金的《家》所指认的最大的压力来自家庭，其次是异性。这与《少年维特的烦恼》中讲述的故事不同，背后的逻辑却是一致的：因为对异性的好奇开启了对体系的反叛。因此，相关研究中将学业排在第一位并不意外，但异性排在比较靠后的位置，可能调研不够准确；但也可能揭示了另一个现象，即应试教育压力之大，压制了少年们正常的生理和心理成熟过程。当然，这是另一个话题，但值得专门研究。

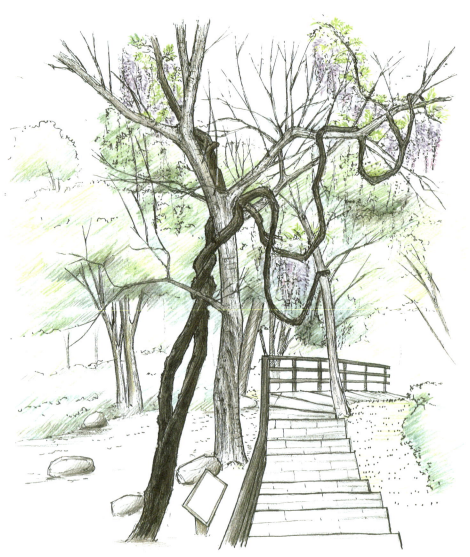

小径与紫藤花

小径尽头盛开的紫藤花，是脑海中早春最浓郁的记忆。

紫藤
Steven.Mao

园的营建，也许能让少年们偶尔停下脚步，喘口气，想一想，看一看，问一问，或者放下烦恼，或者带着烦恼继续成长。

校园建设是否成功，某种可能的标准是：校园最后会成为少年的记忆地吗？有哪些会？有哪些不会？

在成长的历程中，幼儿园、小学、中学和大学所扮演的角色各不相同，记忆中的校园因此也很不一样。可以设想将中学校园与幼儿园、将小学和大学做个对比。个人体会是：幼儿园的房子色彩很浓，记忆却很浅，每次看到自己待过的幼儿园都十分怀疑记忆与现实哪个更真实；小学记忆基本的关注点在玩，与玩无关的校园被选择性遗忘；大学校园记忆对一生非常重要，是人生非常重要的锚点；中学记忆就很尴尬，在想象中很重要，在现实中约等于无。

留下的记忆，不会是那一晚又一晚的奋笔疾书，但某一个瞬间铺满整个教室的晚霞却永远在；也不是那一场又一场据说决定未来的考试，但也许会有某场篮球赛压哨的绝杀，抑或是运动会 4×100m 接力冲刺时的呐喊；更不可能是中考或高考中某个非常重要的大题答案，但会是某个无眠之夜，那阵窗外五月的飘香。忘记那些在当时以为特别重要的东西——考试、成绩、竞争、压力，最后留在记忆里的却是晚霞、呐喊、花香……记忆大概是个很有趣的东西，会慢慢褪去枯燥、单一、自以为重要的内容，刻下美好、生动、曾以为无用的瞬间。也许这就是属于中学的记忆，本以为最重要的，在记忆中约等于无；而本以为无用的，却成为记忆中的珍藏品。

也许文化校园的营建，就应当这样去回答这个少年命题：抚摸那些烦恼，去更多关注那些"无用"的东西。

1.3.4 教育命题：价值塑造

文化校园营建中的教育命题，其本质应该是价值塑造。这与文化命题是对应的。通常会认为，价值塑造是应试教育和应试文化的对立面，但其实应试文化也在塑造价值观，这是中学教育中一个很重要，但往往被忽视的问题。

"应试"是一个中性概念，它首先表达的是一种事实判断，揭示的是考试与应试之间在事实上的必然联系。而"应试教育"在我国教育的现实中则是一个特定的概念，并非泛指，不能认为某种教育体系中只要有"应试"事实存在，它就是"应试教育"。应试教育准确地讲，指的是某种考试主义，或某种以考试为中心并对其他教育价值具有强烈排斥性的教育体系[1]。应试文化塑造的是这样一种价值观：以分数为唯一价值判断，将人分为少数的"分数成功者"和绝大多数的"分数失败者"。应试文化通过不断强调"应试"的重要性，以灌输的方式强化

1　刘朝晖，扈中平.论"素质教育"与"应试教育"的对立性[J].课程·教材·教法，2005，25（10）：3-8.

这种价值观。这与价值教育的本质背道而驰。

价值教育的重点在于，它在哲学上反对唯科学主义，倡导人文主义思维对维护人的尊严和个性的重要性，价值教育是这样一种教育应对方式[1]，贯彻一种多元、开放的价值观，包含道德教育、公民教育、精神教育、人格教育等多方面。现实生活中，思想政治教育往往被应试教育打败，其典型现象就是精致少年的诞生（关于这个话题，后文有详述），其根本原因在于，价值教育不适用灌输式方法，价值塑造需要被体验、被感知。

所以，文化校园营建中对于教育命题有可能做出的重要贡献就在于，它可能提供的内容，更适合体验和感知，符合价值教育的需要。

1.3.5 人的命题：成人之初的守护者

把文化命题、校园命题、少年命题和教育命题放在一起，可以说，中学文化校园营建的根本命题，应该是人的命题。

人是教育的根本，人是目标，教育只是手段，这是解开所有困惑的钥匙。抓住人这个基点，所有似是而非都豁然开朗。具体到中学这个阶段，具体到中学教育和中学校园这个话题，当然也要回到它的主角——中学生，也就是成长中的那些少年

---

1 王坤庆.论价值、教育价值与价值教育[J].华中师范大学学报（人文社会科学版），2003，42（4）：128-133.

温州中学·孙诒让雕塑

们。中学校园归根到底属于那些少年，因此，作为一个属于少
年们的场所，中学校园应当成为守护他们的场所，建立起守护
少年精神的场所精神，成为少年们在成人之初的守护者。

文化校园营建的核心命题的根本目标，也许就在其中。

2

溯义：
中学文化校园和场所精神

泡桐花

2.1 校园文化与文化校园

2.1.1 校园文化相关研究

校园文化这个提法，并非"古已有之"，比较准确的起点，可以追溯到 1986 年 4 月在上海交通大学第 12 届学代会上提出"校园文化"概念[1]。1990 年 4 月，在北京召开了全国首次校园文化研讨会[2]，"校园文化"从此逐渐成为一个热点话题。这与 20 世纪 80 年代初兴起的文化热有关[3]。对应于校园文化概念，文化校园指校园建设中从环境、制度和运维等各层面对校园文化的响应和落实。

文化一直是一个地域性概念。这个地域通常指一定范围的特定区域，而非具体场所。以场所来界定文化时，又往往以场所指代抽象的类型，而非具体地点，比如说"大院文化""广场文化""码头文化"等。将文化与具体的场所紧密联系在一起讨

1 蔡桂珍.新时期高校校园文化建设研究——以福建省高校为例[D].福州：福建师范大学，2013.

2 1990 年 4 月，全国校园文化首届理论研讨会由中共中央宣传部、中国教育学会、中国高等教育学会、团中央等多个部门在北京联合召开。

3 "文化热"是指始于 20 世纪 80 年代在中国兴起的以西方为目标、"向西方看齐"的文化现象。随着 1977 年高考的恢复以及 20 世纪 80 年代国门的打开，改革进程中存在的大量尖锐复杂的现实和理论问题，促使高校师生们企图从传统文化和西方文化中寻求答案，其中包含着对西方文明进行深入的探索和对中国文化的深刻反思。

雨后初晴的三垟湿地

论，以挪威建筑理论家诺伯舒兹最具代表性。在其著作《场所精神——迈向建筑现象学》中，诺伯舒兹着重从场所意义这个角度阐述文化的含义："文化表示将既有的'力量'转换成能够延伸至另一个场所的意义，因此文化以抽象性和具体化为基础。经由文化，人得以在事实中扎根，同时又能从完全依赖特殊的情况中解放出来。"[1]

1 诺伯舒兹.场所精神——迈向建筑现象学[M].施植明，译.武汉：华中科技大学出版社，2020：171.

同样以场所界定文化，"校园文化"与"广场文化"之间有微妙的差异。提到"广场文化"，多以之指代广场这种场所类型共有的文化特征；而讨论"校园文化"时，则更多地指向学校与学校之间在文化特性方面的不同，造成此差异的原因跟讨论背后的目的密切相关。

校园文化可以被认为是在校园这个特殊场所形成的一种文化形态。它是以各个校园各自独有的核心价值观为主导，并通过承载这一价值体系的物质形态和活动形式等共同营造出一种精神氛围。[1]

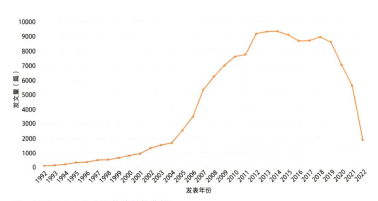

以"校园文化"为主题总体趋势分析

1　陈曦.大学校园特色传承设计研究 [D].哈尔滨：哈尔滨工业大学，2007.

有关校园文化的研究可谓汗牛充栋。以"校园文化"为主题,在知网共可搜到 132852 篇论文 [1],并且近十几年,年均发文量稳定在 5000 篇以上,而以 2014 年为高峰,近一两年的热度稍有回落。其中,高等教育学领域的相关论文最多,职业教育和中等教育领域次之。建筑科学和工程学相关论文类占比不高,为 1.34%,计 1894 篇;但整体排名第 9,尚在成人教育、医疗和新闻传媒领域之前,可见学科关注度也不低。通过 CiteSpace 抓取关键词,得到如下研究主题分析,相关研究的关注热点集中在高校和高职院校,研究内容多为教育学领域下的校园文化建设,并有向设计、新媒体、美育、人文精神等领域拓展的趋势。

文化这一概念本身较为复杂,加上研究者的视角、实践经历和研究侧重点的不同,对校园文化这一概念内涵的解读也众说纷纭。《辞海》中对"文化"一词的定义有广义与狭义之别:"广义指人类社会历史实践过程中所创造的物质财富和精神财富的总和。狭义指社会的意识形态,以及与此相适应的制度和自制结构。"比较各种观点与论述,校园文化大致也可以归结为狭义和广义两种表述。

---

1 写本书时的调研数据(2022 年 6 月)。

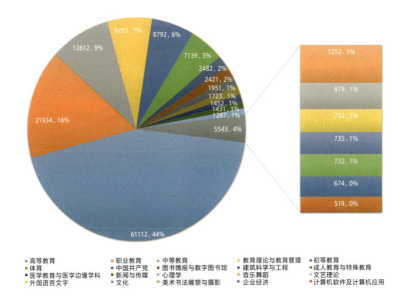

以"校园文化"为主题学科分布分析

关键词聚类分析图   关键词突变分析图

1. 狭义的校园文化

狭义的校园文化主要有"课外活动说""校园精神说""艺术活动说"等。[1]

（1）课外活动说

"课外活动说"是早期对校园文化的定位之一。"从狭义上讲，校园文化相对于课堂文化而言是突出主旋律的课外文化，它在内容上可以概括为一个轴心、三个层次。一个轴心，即培养德、智、体全面发展的，为社会主义建设事业所需要的合格人才。三个层次：一是观念层，二是制度层，三是器物层。"[2]

（2）校园精神说

这是较为常见的一种观点，"从狭义上理解，校园文化主要指精神文化，是指除了教育、教学、管理以外的一种群体文化，其主要内容是教育方针、培养目标、校风建设、学风建设、文化艺术活动。"[3]"校园文化是一所学校独特的精神风貌，是在高校广大师生员工中通行的规范准则、生活方式、行为模式和价值体系，是高校区别于其他社会组织的重要标识，是维

1　蔡桂珍.新时期高校校园文化建设研究——以福建省高校为例[D].福州：福建师范大学，2013.

2　张俊.社会主义核心价值体系与校园文化建设[J].传承，2011（11）：44-45，69.

3　杨立英.网络思想政治教育论[M].北京：人民出版社，2003：44.

系学校团体的一种精神力量。"[1]

（3）艺术活动说

这是校园文化在特定情境下的一种解读。如清华大学原党委书记贺美英所说："校园文化从狭义上讲就是开展健康的文化艺术活动和对学生进行艺术教育。"[2]

2. 广义的校园文化

广义的校园文化，则可按其构成要素，分为"二要素说""三要素说""四要素说""多要素说"。[3]

（1）二要素说

校园文化的"二要素说"也是早期较为经典的表述，即将校园文化分为物质和精神两个方面。"校园文化从学科上定义就是学校育人环境中以学生为主体，以教师为主导，以促进学生成人成才为目标，有全体师生员工在教学、科研、管理生活等各个领域的相互作用共同创造出来的一切物质和精神的成果。"[4]

---

1 张俊.论高校校园文化建设在学生管理中的激励作用[J].传承，2008（7）：72.

2 史洁，翼伦文，朱先齐.校园文化的内涵及其结构[J].中国高教研究，2005（5）：84-85.

3 蔡桂珍.新时期高校校园文化建设研究——以福建省高校为例[D].福州：福建师范大学，2013.

4 蒋雪丽.论大学校园文化及其建设[J].辽宁教育行政学院学报，2007（1）：142-143.

（2）三要素说

"三要素说"则借鉴文化研究方法，将校园文化分为物质文化、制度文化和精神文化三个层面。"高校校园文化是大学在长期发展变革过程中共同创造形成的物质文化、制度文化与精神文化的总和。"[1]其中，物质文化是以整个校园为载体的物化文化标志，是校园文化的浅层面；制度文化是校园文化的中层面，是校园文化更深层发展的前提和保障；精神文化是校园文化的核心和灵魂。[2]

（3）四要素说

"四要素说"最具代表性的表述可以参见潘懋元的《新编高等教育学》：广义的校园文化是高等学校生活方式的总和……它应包括以下四个方面的定义：智能文化（学术水平、学科设置、科研成果等），物质文化（文化设施、校园营造等），规范文化（学校制度、校风校纪、道德规范等），精神文化（价值体系、精神氛围等）[3]。

1　刘坤雁.思想政治教育价值意蕴的多重解读[J].黑龙江高教研究，2007（4）：68-69.

2　黄宇弦.论校园文化的思想政治教育价值[J].安徽工业大学学报（社科版），2008（2）：159-160.

3　潘懋元.新编高等教育学[M].北京：北京师范大学出版社，2009.

（4）多要素说

随着时代的发展和研究的深入，对校园文化的挖掘日趋深入，其内涵呈现日趋丰富的趋势，包含的要素也越来越多。例如，随着社会环保意识的增强，生态文化也融入校园文化内涵；随着各种新媒体的出现，媒体文化也日益得到重视。"广义的校园文化是以校园为地理文化圈，以社会文化为背景，以学校管理者和全体师生员工组成的校园人为主体，以校园生活、人际关系、精神面貌、价值取向、舆论风气为主要内容，以课外文化活动为基本形态，是在高等教育、学习、生活、管理过程中形成的活动方式、活动过程及其结果。"[1]

无论是狭义的还是广义的校园文化表述，都不是绝对的。论者根据自身研究方向的不同和研究过程的需要，对其内涵和外延加以界定，同时也会受到时代发展的影响。也正因为这样，不同的研究者对校园文化概念的挖掘、完善和充实，使人们对校园文化有了更为全面、多维度、立体化的认识，也为文化校园建设提供了更多的启示和方向。

2.1.2　中学校园文化定位

相比高等教育，中等教育领域有关校园文化的研究相对较

1　潘道兰.建设文化校园　增强高校文化软实力[J].中国高等教育，2009（5）：59-60.

少，知网中以"中学校园文化"为主题的文章共 1689 篇[1]，仅占讨论校园文化文章总数的 1.27%。有意思的是，建筑科学与工程类相关文章共计 71 篇，可以排到关注领域的第 4 位，可见建设层面对中学校园文化的关注度占比。中学校园文化研究的相对热度较低并不难理解。我国的中等教育分初中和高中两阶段，刚好分别需要跨越中考和高考这两道门槛，可以说，受应试教育的影响最大。学校的管理者、教师和学生，几乎把全部的注意力都集中在考试和分数这几条"硬杠杠"上了，对校园文化这样的"软"素质的投入意愿有限。

正因为研究的关注度低，对中学校园文化也就因此缺乏系统和深入的理解，从某种程度上可以说，问题比办法多。这导致不得不从起点，即从中等教育的特性去认识中学校园文化。中等教育的特性可以概括如下。

1. 阶段性

作为中等教育对象的中学生，一般为年龄在 11 岁至 18 岁之间的少年。在这一阶段，他们正处于在生理、心理和社会性等各方面从儿童走向成人或接近成人的过渡期。契合中学生的这一特征，中学教育具有明显的阶段性特点，以三年为期，分为初中、高中两个阶段，阶段内也采用年龄分级的年级制方

1　写本书时的调研数据（2022 年 6 月）。

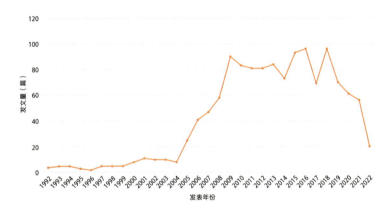

以"中学校园文化"为主题总体趋势分析图

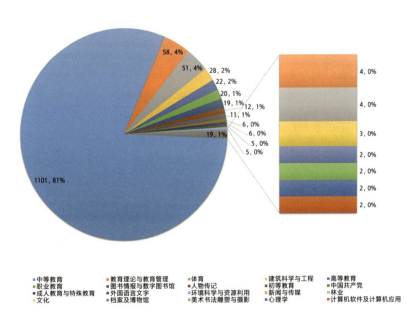

以"中学校园文化"为主题学科分布分析图

式。每个阶段相对稳定，各个阶段之间存在较大的差异性。

2. 同质性

中等教育采用年级制度，按照学生的年龄划分年级，并接受同质性的教育。这种同质性包括教材、教师安排、学科设置、考核方式等方面。同质性的教育可以最大限度地保证效率和质量的需要，也为基础性和全面性提供了支撑，但同时也带来无法因材施教、考核方式单一僵硬等弊端。

3. 基础性

中学教育的基础性，指中学阶段应该对年青一代进行全面的素质教育，为今后对其进行职业教育或高等教育奠定基础；同时也通过公民教育，培养他们作为公民所应具备的基本素质和能力。中学生位于生理、心理的高速发展期，充满了各种可能性，中学教育的核心目标并不在于塑造一种确定性，而在于为各种未来的可能性提供沃土。[1]

4. 全面性

教育的全面性是写入 1982 年《中华人民共和国宪法》："国家培养青年、少年、儿童在品德、智力、体质等方面全面发展。"中学生正处于身心全面发展，世界观、价值观形成的关键

---

1 仲利强.近期建成的中学校园开放空间设计探究 [D].西安：西安建筑科技大学，2004.

时期，这在客观上要求在中等教育阶段，学校有义务对学生进行在知识技能之外，包括身体发育、思想道德、心理素质等全面教育和培养。[1]

对比来看，当前的中等教育呈现"脚重头轻"的现象。一方面，中学教育受应试教育束缚，形成千篇一律的定型模式，阶段性、同质性的特点被无限放大；另一方面，以分数为核心的单一评价标准让基础性、全面性失去生长发育的土壤。中学教育矮化成为应试教育，学生成为"做题家"，中学校园也沦为刻板生硬、千篇一律的应试教育"营地"。

显然，中学校园的文化定位不难明确，但对其本身的研究，还有待加强。一条可能的路径，是从有关大学校园文化的研究和建设中参考与借鉴。当然，中等教育和高等教育之间有很大区别，可以借鉴相关成果，照搬照抄则肯定会陷入误区。

2.1.3 文化校园：问题和探索

校园文化研究在国内之所以备受关注，很大程度上可以视为中国文化受西方文化冲击所产生的应激反应。"改革进程中存在的大量的尖锐、复杂的现实和理论问题，促使高校师生们企图从传统文化和西方文化中寻求答案，其中包含着对西方文明

---

1 仲利强.近期建成的中学校园开放空间设计探究 [D].西安：西安建筑科技大学，2004.

进行深入的探索和对中国文化的深刻反思。"[1]

随着研究的不断展开，进入 21 世纪以来，在全球化、网络化的时代背景下，国内在政治、经济、文化等各领域发生巨大变化，内容丰富、形式多样的社会文化现象层出不穷，文化传播方式和载体也日新月异，对校园文化的理解也变得越来越多元化，随着经济生活水平的提高，对校园建设的投入加大，也进一步推动了校园文化在建设方面的研究。

与大学相比，中学文化校园的研究和建设相对滞后，但存在的问题却与高校文化校园有所雷同。一段时间以来，无论是大学、中学还是小学，在全国范围内均出现了校园改建、扩建和新建的热潮，并暴露了不少问题，其中一些与校园文化相关。

1. 文化断层

学校新老校区之间出现文化断层问题。不少学校的新校区的建设，往往一味求新，反而导致千篇一律。全新设计的建筑和景观，完全没有老校区的痕迹，造成校园空间在文脉上的割裂，导致校园文化的认同感和归属感缺失，未能形成良好的校

---

1 贾敬远.激进保守多元——改革开放以来社会思潮与大学校园文化的互动轨迹[J].思想政治教育研究，2008（2）：108-110.

园文化氛围，影响校园发展。[1]

2. 文化混乱

校园建设往往缺乏统一规划，或虽有规划，但不重视校园文化建设。不同时期、不同地点的校园建设彼此不和谐、不统一的现象时有发生，造成校园文化元素的混乱。并且，不同学校的校园建设同质化现象严重，缺少个性和辨识度。好的校园建设，应当认真研究并读取独属于自己的校园文化，从中提炼出合适的元素加以表达，形成校园特色。

3. 文化缺失

部分学校，尤其是中学，由于对校园文化不够重视，校园环境营造的投入也不够，造成校园的自然、人文环境长期处于被搁置的状态。学校师生对校园的文化价值也不认同，表现出明显的疏离和冷漠，校园沦为冰冷的建筑群，这也阻碍了学校归属感的形成。

上述问题的存在具有一定的普遍性，而有关校园文化建设的研究，也始终重视并关注着这些问题。

立足思政教育，始终是校园文化领域研究的主导方向。蔡

1　王元春.基于场所精神湖南大学空间文化环境营造研究[D].长沙：湖南大学，2018.

温州中学·柱础

温州中学散落的柱础，沉淀了历史文化、地方文化、校园文化，摄于匡国楼南侧草地。

桂珍等以马克思主义基本原理为指导，探讨了新时期高校校园文化，回顾改革开放以来我们高校校园文化建设的成就，并以福建省高校为例，通过问卷调查来了解新时期高校校园文化建设的现状、存在的主要问题及其原因，为新时期高校校园文化建设提供思路[1]。

从悠久的历史传统中找寻文化之根，也是相关研究的重点。主张校园文化应从历史文化的精神传承、地方文化的特色传承以及校园文化的个性传承三个方面去延续和创新[2]，可以说是主流的观点。具体到操作层面，也有结合设计实践的相关论述，通过对校园历史文化特征的剖析，主张通过空间包容、时间延续、精神升华等三个不同层面的不同策略，历史文化传承得以落实[3]。也有更加具体到有关校园实体空间环境的讨论，通过对中国建筑传统文化中的"硬、软传统与继承"理论的引述，研究校园建筑、建筑组群和组群结构形态对传统的呼应，以此形成校园文化特色[4]。

对校园文化的塑造最终总是要落实到文化校园的营建上。有观点主张校园本身就像一本实物教材，对师生具有潜移默化的熏陶作用，好的校园能使学生感受到强烈的人文气息和地域文化。部分研究根据现象学的立场，以其理论为依据，探讨人

1 蔡桂珍.新时期高校校园文化建设研究——以福建省高校为例[D].福州：福建师范大学，2013.

2 刘万里，张伶伶.大学校园空间的文化传承研究[J].华中建筑，2009，27（7）：26-30.

3 侯枉，李媛，关山.高校新区景观环境的历史文化传承——以沈阳建筑大学浑南新校区为例[J].华中建筑，2011，29（6）：126-129.

4 陈曦.大学校园特色传承设计研究[D].哈尔滨：哈尔滨工业大学，2007.

文及人文环境的界定，并从校园人文环境的精神内核（即地域
环境和文化的关联性）及其塑造原则等方面，对校园人文环境
进行分析和定义[1]。

也有研究将目光从校内扩展到校外，主张校园文化应该是
开放的，不但内容和形式是开放的——民族文化与异质文化兼
收，校内资源与校外资源并蓄，而且校园文化的传播也应该是
开放的，要让周边的人参与进来；并且主张校园文化的建筑建
设必须着眼于全体师生，要形成人人讨论、人人参与、人人引
以为豪的气氛，而不能只是少数人关注、部分人满意，更不能
只是领导集体取得共识[2]。

无论研究的侧重有何不同，论者均一致同意校园文化是多
种文化形态结合而产生的一种浓烈持久的精神氛围。作为学校
物质、观念、行为等各文化形态的有机结合整体，不单是包含
了教学内容与管理制度、全校师生共识及所遵循的价值观念和
行为准则，同时也与校容、校貌不可分割[3]。因此，"文化校园是
校园文化的重要载体"这个观点，受到广泛认同。

以上论述所关注的均为高等院校的文化校园建设。与此相

1　宋瑾娜.高校校园人文环境的塑造 [D].长沙：湖南大学，2002.

2　许嘉璐.高校校园文化建设漫议 [J].求是，2004（18）：28-30.

3　刘万里，张伶伶.大学校园空间的文化传承研究 [J].华中建筑，2009，27（7）：
26-30.

比，对中学校园文化的研究少，视点也不高，一般多仅聚焦于环境和景观设计，还没有上升到文化校园的层面。

有研究结合心理行为理论，对比小学、中学和大学的室外环境，从校园文化层面讨论校园室外环境对师生学习生活的影响，并通过中学校园实地调研，观察室外环境中与校园文化有关的影响因素，在此基础上对设计原则和方法进行探讨[1]。也有将视点从中学校园的历史演变扩展到中西方的对比分析的讨论，结合对教育理论、师生心理行为理论、建筑规划理论等的研究，概括出适应我国现状的中学校园景观设计的理论框架、原则，并在此基础上结合实际案例，对中学校园景观的各要素提出了相关的设计建议[2]。

一些实践和探索开始涉及校园人文环境的建设，讨论在人文环境这个层面上，对中学校园景观加以深入理解，借以对新址上新建的新校区的人文要素进行研究和分析，探讨中学新校区景观人文环境的设计方法[3]。

1　刘圣维.结合校园文化的中学校园室外环境设计初探[D].北京：北京林业大学，2013.

2　潘狄明.我国普通中学校园景观设计研究[D].杭州：浙江大学，2017.

3　郭志盛.中学新校区人文环境景观设计研究[D].广州：华南理工大学，2014.

2.1.4　部分相关基础研究

校园文化研究需要有一定的基础理论研究作支撑，不同理论在各自所关注的问题上各有作用和启发，关联度较大的见如下所列。

1. 符号建筑学

瑞士语言学家费·德·索绪尔在 1894 年重新定义符号概念，创立了符号学。狭义的符号包括诸如语言、文字、货币等，广义的符号则还包括音乐、建筑空间、绘画风格等。20 世纪 50 年代末，意大利学者率先将符号学引入建筑学[1]。符号是一种信息传递的媒介，符号建筑学将建筑视为符号，从符号学的角度解读建筑，对以建筑或空间为载体，向人传递信息的方法和手段进行研究。按符号建筑学的观点，建筑符号传达的信息有外在的，也有内含的；有形式，也有内容。因此，符号建筑学认为，建筑符号超越建筑外观和风格，其形成取决于特定的自然环境和社会文化，同时还包含着对社会文化的解读和诠释。在此背景下，人们对特定的建筑符号产生共鸣和认同，由此衍生对建筑或空间的认同。符号建筑学揭示了作为符号的建筑具有鲜明的意会性和象征性，对校园文化如何呈现于校园建筑和空间，以及校园建筑和空间如何反过来诠释校园文化的手段与规

1　项秉仁.语言、符号及建筑 [J].建筑学报，1984（8）：56–61.

律有所认识，使设计者得以有效地根据特定的校园文化来建设
文化校园。

2. 建筑类型学

在校园文化建设的实践过程中，建筑类型学指引了一种全
面的设计立场，即"类型学理论包含的把城市和建筑视为同构
的整体观；把传统与现代联系起来的历史观；把城市、建筑和自
然联系起来的生态观，充分体现当代社会生活的、文化的和美
学的理想。"[1] 随着时代的发展，建筑类型学已经由以自然为类型
的第一类型学、以工业为类型的第二类型学发展为以建筑为类
型的第三类型学。第三类型学主要由两部分组成：一种是从历
史中寻找"原型"的新理性主义建筑类型学；另一种是从地区
中寻找"原型"的新地域主义的建筑类型学。[2]

有关校园文化建设中的理论研究，多引用了后者的立场，
属于新地域主义范畴。新地域主义源于传统的地方主义或乡土
主义，但它不直接使用传统符号，而是在地域文化中寻找原
型，结合地方气候、文化和技术等方面的特征，设计适应当地
生活的建筑。同时，又通过艺术的再加工来营造场所氛围，获
得认同感。新地域主义在功能上遵循现代生活标准和需要，通

---

1 汪丽君.广义建筑类型学研究 [D].天津：天津大学，2002.

2 刘先觉.现代建筑理论 [M].北京：中国建筑工业出版社，2000：307-308.

过传统地域元素唤起特定的场所精神，所以具有形式多样、不拘一格、容易识别的特质[1]。对文化校园的营建具有积极的作用。

3. 建筑现象学

场所精神由挪威城市建筑学家诺伯舒兹在 1979 年提出，其所指的"场所"是真实的存在物。诺伯舒兹认为，场所是由自然和人为元素所共同形成的一个综合体，是建筑现象学的主体事物。他在《场所精神——迈向建筑现象学》一书中指出："场所是由具有物质的本质、形态、质感及颜色的具体的物所组成的一个整体。这些物的总和决定了一种'环境的特质'，亦即场所的本质。一般而言，场所都会有一种特性或'气氛'。因此场所是定性的。"事实上，场所经常以地理的术语加以定义，但场所不仅仅是地点而已。一般而言，自然塑造了一个具有延伸性和综合性的整体，一处"场所"，符合具有独特认同性的地方状况。这种认同感或"精神"可以用具体而定性的术语加以描述，即场所精神[2]。

场所精神理论的本质在于领悟空间的文化含义和人性特征，也就是说空间是被相互联系的实体物质有目的地创造出来，只

---

1 刘铭洋.地域元素在云南地区乡镇中小学设计中的运用[D].昆明：昆明理工大学，2011：15.

2 诺伯舒兹.场所精神——迈向建筑现象学[M].施植明，译.武汉：华中科技大学出版社，2020.

有被赋予了来自文化或者地域特色的意义时，才成为真正的
场所[1]。对于文化校园营建来说，场所精神，差不多等同于校园
文化。

4. 生态知觉理论

生态知觉理论由吉布森提出，强调人的知觉反映和适应性
的先天的本能反应。有两个基本观点：一个是环境的提供，认
为是环境中有意义的刺激模式使人们感知到了连续而整体的知
觉，而不是简单地由一个个单独的刺激做到的；二是知觉反映
的先天性本能，认为感知觉是机体对环境进行适应的产物。从
环境与行为的关系角度来说，环境所能提供的包含三个含义：
第一，为了让环境的使用者能够方便识别和到达，环境要提供
便捷性；第二，但凡为使用者所需要的环境空间的功能和特性，
都要简单明了地表现出来；第三，就是要让使用者在使用时有
满足感。[2]

因此，在对校园文化建设进行改进或者说创造更好的校园
文化建设时，用生态知觉理论分析行为现象和发生的原因是非
常重要的。

1　章宇贲.行为背景：当代语境下场所精神的解读与表达 [D].北京：清华大学，
2014.

2　金晓雯.生态知觉理论在景观设计中的应用 [J].南京林业大学学报（人文社
会科学版），2010，10（4）：106-109.

在这些相关基础研究中，有关场所精神的讨论，有关地域和文脉的研究，对文化校园的营建具有特殊意义，有必要加以重点关注。

2.2　地域和文脉

2.2.1　作为文化概念的地域

"校园文化"一词本身就带有"地域"限定，虽不可直接类比，但与地域文化具有千丝万缕的联系。在校园文化的营建中，从地域元素中汲取灵感，一直是打造校园特色的重要手段。

地域概念并非简单地仅由地理、气候等物质因素构成，还应包括传统、习俗、神话、语言、民族、宗教等，这些因素相互综合，最终定义了某个特定地区的文化身份[1]。地域是一个联系着历史事件、人物、活动，并承载着美学传统与文化价值的场地。某个特定的地域，在当时当地拥有特定的自然和文化资源，并在这些因素相互影响与渗透的动态过程中，折射出自身的内在精神[2]。地域和地域文化这两个概念是不可分割的。

1　郭苏明.场所精神的延续——由高校传统校区更新谈起[J].华中建筑，2008，26（2）：142-144.

2　李志娟.中学校园景观中地域文化的表达研究[D].成都：四川农林大学，2011：21.

月下的三垟湿地

　　地域概念的另一个特征是分层结构。根据地理区划，地域形成不同的层级，大地域包含若干小地域；地域文化也与之相对应。同一区域形成有相对一致性的地域文化，而区域内所包含的若干小区域，还会存在次一级的文化差异。这种分层结构的特征，决定了地域文化作为文化子集的身份，每个特定的地域文化都是它所归属的更大地域的文化子集。地域文化是在文化的传承过程中，结合当地的地理环境、经济状况及人文精神等诸多要素所产生的独具特色的文化形态。不同的地域因为自然地理环境差异以及人们利用、改造自然环境，建设人类文明的方式、程度不同，产生了不同的文化，各具特色[1]。

从地域这个角度讨论文化，很大程度上是在强调文化的归属感。地域文化在不同时期面对不同的问题时，根据诉求不同，具有不一样的表达方式。本土主义代表了民族性的诉求，历史主义代表了对继承的重视，而多元主义则对单一价值观的正当性提出了挑战，都分别有其积极的认识作用和实践意义。

1. 本土主义：面对全球化的表达

地域性思潮的起因是对全球化的反动，是边缘对抗主流的选择。这种选择很容易走向本土主义。虽然更多的是一个社会学和文学概念，本土主义在各个领域都始终是全球化的对立面，并和民族主义关系密切……就建筑学领域而言，只要对地域性立场可能的狭隘性有所认识和保留，就足够了[2]。基于此，批判性地域主义理论作为超地域的地域性理论，刘易斯·芒福德试图沟通本土性和全球化的尝试，在肯尼斯·弗兰姆普敦那里得到继承和发扬。

2. 历史主义：面对传统的表达

地域性无疑是空间概念，但也是时间概念。从时间这条线

1　高麟胺.地域文化视角下的重庆大学城校园景观营造研究[D].重庆：重庆大学，2013.

2　陆激.言无言而任自然——怀疑论者的地域性表达[J].城市建筑，2016（12）：28.

上，地域性所面对的传统，或者说文化，"不可否认，地域是一个空间概念，但绝不是任意一处自然的区域都能成为建筑学语境的'地域'。换言之，地域必须是'文化'的结果"。对文化和传统的态度，是各种地域性理论的分野。诸如古典主义、巴洛克、洛可可、折中主义……都是地域性的时间表达，当然也包括我们的"民族风格"。无论哪段历史，无论何种建筑思潮，都是特定地域的特殊事件[1]。

"当一个建筑设计完全取自传统，仅复述其基址赋予的规定时，我感到缺乏一种对世事的真正关心，也缺乏那些从当代生活散出的气息。如果一件建筑作品只表达当代趋势和世故洞见，而不去引发其场所环境中的感应，那么这件作品就并非扎根于它的基址，而我也察觉不到它所矗立的土地的特有引力。"[2]

3. 多元主义：面对实践的表达

作为边缘性的地域性建筑实践，是文化多元主义的结果。"'民族形式'正好就是政治和经济问题的文化表达，其文化趣向是'民族性'，其形式追求是'似旧'，而其政治目标则是'救亡'。从表面看，'本土建筑学'承续了'民族形式'未完的话语，其实却迥异其趣，恰恰是反过来的文化问题的政治解

1　陆激.言无言而任自然——怀疑论者的地域性表达[J].城市建筑，2016（12）：29.

2　卒姆托.思考建筑[M].张宇，译.北京：中国建筑工业出版社，2010.

读：其文化趣向是'世界性'，其形式追求是'求新'，而其政治潜台词则是'多元化'与'崛起'。"[1]

希腊建筑学者 A.楚尼斯和 L.勒费夫尔在 1981 年首次提出批判的地域主义概念。[2]1983 年，弗兰姆普敦在他的《走向批判的地域主义》一文和《批判的地域主义面面观》一文中，以及 1985 年版的《现代建筑：一部批判的历史》中，正式将地域文化作为一种明确和清晰的建筑思维来讨论，并定义了"批判的地域主义"："这一术语并不是指那种在气候、文化、神话和工艺的综合反应下产生的乡土建筑，而是用来识别那些近期的地域性学派，他们的主要目的是反映和服务于那些置身其中的有限机体。"[3]

从校园文化这个角度来看，尽管在时间上不完全对应，但"心路历程"很相似。本土主义反映了校园文化讨论在起点时的心态；历史主义则代表了校园文化建设历程中，对传统文化产生的关注；而多元主义则是校园文化建设有了一定的成熟度后的选择。

---

1 陆激.与古为邻而非临 [J].城市建筑，2014（31）：16-19.

2 陈立毅.宁波地区中学建筑设计的地域性表达 [D].杭州：浙江大学，2015.

3 肯尼斯·弗兰姆普敦.现代建筑：一部批判的历史 [M]. 张钦楠，等译.北京：三联书店，2014：355.

2.2.2 作为日常用语的文脉

文脉几乎可以认为是对地域性的一种解读方式。

1. 语言学文脉

文脉一词译自英文"context"，原是语言学术语，指代语言环境中上下文的逻辑关系。一方面，它指在词汇、句子中帮助确定其意义的上下文关系或事件的来龙去脉；另一方面，它表示事件发生的背景及条件。在这里，上下文关系表明文脉具有时间的概念，即一个单词如果单独存在时其意义是不确定的、模糊的，只有把它放到句子中去，通过整个句子及上下文关系理解才能清楚其所表达的意义。同样，事件发生的环境具有空间的概念，事件只有同具体的背景环境相联系，才能发生、发展。在语言系统中，文脉是介于各种元素之间的内在联系，语言单位需要通过文脉产生意义，而这种关联又构成语言系统，因而广义上说，文脉是指局部与整体的联系。

2. 建筑学文脉

建筑学中对文脉一词的借用恰如其分地展现了建筑与建筑之间、建筑与城市之间的相互联系以及这种联系的纵横向发展性，并且引申发展为建筑文化的延续，因而这种借用已经跳出传统语言学上的范畴，赋予其全新的建筑学含义。建筑文脉根据语言学概念的延伸，主要是强调任何一个单体建筑都是整个群体、整个其所处环境的一部分，对任何新建筑的置入都应注意其所处环境的"上下文"关联，这种建筑上下文联系不仅存在于横向的技术表达，也表现在纵向的文化呼应。[1]

文脉从 20 世纪中叶被引入建筑学就成为西方建筑理论界的热门话题，它主要批判了当时的建筑实践中无视环境、场所的存在，将单体建筑作为单一的、抽象的个体而与环境隔绝。意大利建筑评论家恩纳特指出："应该把建筑看作是和周围环境的对话，建筑之间既有直接的物理层面关系，又是历史的延续。"格雷戈蒂认为"建筑的任务是通过形式的转化来展现环境文脉的本质。"

随着研究的扩展与深入，文脉的研究不局限于新老建筑形式的协调与连续，而被引用到城市研究领域，深入到文脉的深层结构，成为理解城市形态的重要词汇。如亚历山大教授提出的图式语言，是从建筑形式的社会心理含义提出建筑图式的文脉、问题及解决方法。凯文·林奇则从城市公共的认知印象出发讨论其与城市真实环境之间的联系，从而得出城市的连续性和印象性之所在，他的文脉观也被理解为路径、地标、边界、节点、区域的五要素文化概念，作为可想象的形式的文脉。柯林·罗伊在《拼贴城市》中强调的文脉都是分属于不同时间范畴的产物，是一系列沉积的、片段的、微缩的与乌托邦式的文

1　孙俊桥.走向新文脉主义[D].重庆：重庆大学，2010.

脉。意大利建筑师阿尔多·罗西提出"形态—类型学"理论，力图将历史和城市生活的连续性建立起来，他认为文脉由地标和基质组成。这些从城市中认识主体——人的角度出发来进行城市环境关系研究的观点及方法给当代的文脉思想注入了新的内容和意义，其目的不仅是建立新旧建筑的视觉连续、城市景观的和谐共生，而且要追求充满文化内涵，同时得到人们心理认同和富有生活情趣的城市场所。[1]

国内建筑界对文脉的研究，是随着后现代主义的传入而兴起的。1988 年，张钦南先生刊登在《建筑学报》上的《为"文脉热"一辩》中，将"context"一词直译为"文脉"，梳理了文脉相关的基础理论，并对实践中的运用提出了初步预见。他认为文脉的存在是属于"虚"的环境（如精神环境或文化环境）范畴，认为在建筑设计中提倡文脉有利于建筑师发挥建筑的语言和文化功能。其后，刘先觉先生在《现代建筑理论》中详细介绍了建筑设计中文脉的提出和发展，并将文脉推广至城市领域，提出了城市文脉的设计标准、元素和素材。进入 20 世纪 90 年代，对文脉理论的研究逐渐降温和淡化，文脉成为学界常用词汇，并为大众熟知并理解，成为日常话语体系的一部分。

从文脉角度理解校园文化的讨论也不少，有从文脉出发引

---

1 孙俊桥.走向新文脉主义 [D].重庆：重庆大学，2010.

温州中学·怀籀亭

导校园人文景观的设计 [1]；有结合实例，从校园的自然属性、人文精神和时间空间等角度阐述现代校园环境中文脉的传承 [2]；也有通过分析校园建筑文脉表征和文脉内涵，为弘扬和发展校园文化及早期建筑的合理保护与利用提供参考 [3]。文化校园的营建，经常被认为要从辨析文脉开始，直至接通文脉结束。

1 刘曌.基于历史文脉下的高校新校区人文景观设计研究 [D].天津：河北工业大学，2017.

2 张慧洁，裘鸿菲.浅谈校园环境中的文脉传承——以武汉高校校园环境为例 [J].华中建筑，2010，28（5）：141-144.

3 孙杨栩.华南理工大学校园早期建筑文脉研究 [D].广州：华南理工大学，2014.

2.2.3 作为精神载体的场所

场所概念对于校园文化的重要性在于，有关场所的理论，从一开始就致力于建立空间和精神之间不可分割的联系。这与校园文化背后的诉求直接相关。如果说地域理论给校园文化提供了立足点，文脉理论给校园文化提供了内容，那么场所理论，则构成了校园文化完美的方法论。在有关校园文化的讨论中，场所以及场所精神是高频词汇。

1. 场所的定义

场所概念一直为哲学界和建筑界所共同关注。其概念也从亚里士多德的"容器"演变到沃尔特（Eugene Victor Walter）所定义的"场所是一个物质和精神的结合体，它是一个能量的集合体，可有意识地进行再现并引起改变"[1]。在建筑界，舒尔兹和弗兰普顿也分别从场所的氛围和构成以及如何再现场所精神等方面进行了探讨[2]。斯蒂文·霍尔这样理解场所概念："如果特定的秩序（景观、构筑等物理结构）是外在的知觉，现象和经验则是内在的知觉，那么在一个构筑上，外在知觉和内在知觉就是交融在一起的，当两种知觉达到高度融合的状态时，就产

1 胡滨.场所与事件 [J].建筑学报，2007（3）：20-21.

2 郭苏明.场所精神的延续——由高校传统校区更新谈起 [J].华中建筑，2008，26（2）：142-144.

温州中学·榕树树根

榕树经络分明的根系在空间中限定了其场所感，摄于温州中学行政楼西侧。

生了高于前两者简单相加的第三种存在，即所谓的场所。"[1] 人和某处构筑物的相遇，产生了场所。场所的本质在于，必须要有人的体验。空无一人的广场，哪怕具有完美的场所性，也不能被称为完美的场所，只能说拥有隐含的场所性。

2. 形成场所的空间要素

接近与围合构成了场所的空间要素。所谓接近，指由大体量的形体而构成的对环境的统领，强烈的场所感由此而生，进而产生精神上的引导作用；而围合，则指人类运用某种手段用界限将某特定空间与其周边环境分开，从而构成具有某些特定用途及功能的行为。围合行为使事物聚集，以完成构造人类生活及活动空间的目的，是人为营造生活空间的根本方式。场所因此可以被认为源于向心性及离心性的共同作用[2]。换言之，空间需要具备内聚性、秩序感和清晰的界限，内聚性和秩序感能使身处空间中的人避免迷失方向，进而对空间形成归属感；清晰的界限则让空间中的人明确自己所控制的范围，产生安全感。

1　斯蒂文·霍尔.锚[M].符济湘，译.天津：天津大学出版社，2010：8.

2　宋园园.基于场所精神下的遗址公园景观设计研究[D].合肥：安徽农业大学，2012.

2.3 关于场所精神

2.3.1 何为场所精神

"场所精神"（genius loci）源于拉丁文，是一种始于古罗马的观念。根据古罗马人的信仰，每一种"独立的"本体都有自己的灵魂（genius），守护神灵（guardian spirit）赋予人和场所以生命，并自生至死伴随人和场所，同时决定了他们的特性和本质。因此，genius表示"物之为何"（What a thing is），用路易斯·康（Louis Isadore Kahn）的说法则是物"意欲为何"（wants to be）[1]。场所精神即可以理解为，任何独立存在的事物都有其独特而内在的精神和特性。诺伯舒兹认为，场所是"空间"和"特性"的加成。空间是"暗示构成一个场所的元素，是三向度的组织"，特性是"气氛，是任何场所中最丰富的特质"[2]。

诺伯舒兹将场所分为自然场所和人为场所，并据此提出自然场所精神、人为场所精神。自然场所精神包含浪漫式地景、宇宙式地景、古典式地景、复合式地景；人为场所精神包含浪漫式建筑、宇宙式建筑、古典式建筑、复合式建筑。在此基础上，诺伯舒兹对场所精神进行了细致的分析。他认为"方

---

1 诺伯舒兹.场所精神——迈向建筑现象学[M].施植明，译.武汉：华中科技大学出版社，2020：18.

2 刘清瑶.基于场所营造的大学校园绿地空间设计研究[D].哈尔滨：哈尔滨工业大学，2015.

向感"（orientation）和认同感（identification）是场所精神的两个原则，"想要获得一个存在的立足点，人必须要有辨别方向的能力，他必须晓得身置何处。而且他同时得在环境中认同自己，也就是说，他必须晓得他和某个场所是怎样的关系。我们可以参考林奇的著作，他以'节点''路径''区域'来表示基本的空间结构，是形成人的方向感的客体。这些元素在知觉上通过彼此间的关系形成了一种'环境意象'，林奇同时声称：'一个好的环境意象能使它的拥有者在心理上有安全感。'因此，所有的文化都发展了自己的'方向系统'，也就是'能达到好的环境意向的空间结构'……有认同感的客体是有具体的环境特质的，而人与这些特质的关系经常是在小时候建立的……很重要的是，我们的环境不仅有能够使人产生方向感的空间结构，更包含了认同感的明确客体。人类的认同必须以场地的认同为前提。认同感和方向感是人类在世存在的主要观点。因此，认同感是归属感的基础。[1]"

将场所精神，放到文化校园这个主题中可以这么理解：场所即文化校园，或者是构成文化校园的各个场景；接近和围合是构造这些场景的基础，是文化校园归属感和安全感的来源；场所精神即文化校园所要传达的意义或者精神意志。

---

1 诺伯舒兹.场所精神——迈向建筑现象学[M].施植明，译.武汉：华中科技大学出版社，2020：18.

香枫树

由小径、枫香树所营造的"好的环境意象"，能够使人产生方向感和认同感。

2.3.2 场所精神的体验机制

从文化校园的角度而言，对场所精神的体验机制的表述，事实上在表达一条线索：人们如何能够在文化校园中体会和理解其所要传达的精神。

1. 感知

人通过感觉和知觉认识自己周围的事物，从自己的感觉和知觉来完成对场所进行信息的接收、识别和处理等的过程，从心理学上讲，这种感觉和知觉就统称为感知。人的认识活动从感觉开始，通过感觉，不仅可以了解客观事物的各种属性，而且也了解了自身内部的状况和变化。知觉的产生，则以各种形式感觉的存在为基础，需要调用过去的经验或知识去了解事物[1]。感知是人对客观事物的观照，有直接感知和自我感知。前者是通过视觉、嗅觉、听觉、触觉等来进行感知，而后者则是通过自身的知识和经验进行感知。同时，感知也是一个逐步推进的过程，从远距离感知，到对场所中个别事物的感知，再到对场所的综合感知，最后才升华为心理意向。

2. 认知

人们通过感知，并与个人思维结合，对场所发生认知。心理学上的认知，就是当曾经感知过的对象重新出现在眼前，能

1　吴威.园林的场所精神初探[D].武汉：华中农业大学，2005.

够回忆起曾经感知过该对象并且加以确认这样一个心理过程。瑞士心理学家让·皮亚杰认为："人在环境中形成认知结构，并且在认识新事物的时候，把新事物同化进原有的认知结构，其实这一过程也就是人们认识、理解周围环境的过程。"[1]

3. 归属感

人们通过感觉和知觉形成对场所的感知，并且加入思维而形成认知，在认知中渗入了感情因素才能产生归属感。所以说归属感的产生与人的认知方式有紧密的联系。认知方式包括空间、材质、自然、形式特征等，不同的特征受到人文背景、自身的感知表现以及认知过程的综合作用而产生[2]。

4. 情感反应和意境的产生

人们身处场所中，会对场所产生某种体验，这种体验经过与周围环境的互动，进而产生某种情感，继而由情感产生的质变，形成意境。这种意境既包含场所本身带给体验者的情感反应（例如皇家园林给人以庄严肃穆之感，而江南园林则带给人轻松惬意），也包含人对所在场所产生的情感色彩（例如校园对于在校学生来说可能只是学习生活的场所，但对于毕业许久

1　李婉君.基于场所精神下的校园景观设计研究——以西安建筑科技大学草堂校区为例[D].西安：西安建筑科技大学，2015.

2　吴威.园林的场所精神初探[D].武汉：华中农业大学，2005.

的校友来说，这就是一个代表青春岁月的怀念之地）。人在场所中产生的这些情感体验，都可以被视为对场所精神的映射，因此，正是场所精神的存在，使场所具有真正的意义。

2.3.3 场所精神与文化校园

有关场所精神的研究，近年来屡经拓展，已覆盖室内、建筑、景观到城市规划等各个不同尺度的领域。可以说，文化校园营建，在各种尺度上对文化内涵的构建或者传达，都有相近的关于场所精神的研究可以参照。

1. 国外关于场所精神的研究

诺伯舒兹的《场所精神——迈向建筑现象学》将场所精神归结为建筑现象学的核心内容，"回到事物本身"讨论建筑中的本质，从而揭示人的存在与建筑空间创造的本质关系。凯文·林奇在《城市意象》中以交通道路、界限、区域范围、城市节点和标志来表示基本的空间结构，探讨城市与场所的关系。他指出"场所的意向可以帮助和指导人们在城市中的定位及确认，一个安全和美好的景观取决于它的可印象性——物体所具有的能在观察者脑中唤起强烈印象的特质。"罗格·特兰西克的《寻找失落的空间》讨论以综合图底理论、联系理论和场所理论进行城市设计，并对城市更新过程中如何维持人性尺度、如何延续地方特色和场所精神进行了详细分析，表达了一种场所的人性关怀。斯蒂文·霍尔在《锚》中提出了场所对建筑设计的重要性，他认为通过与场地的融合，汇集该特定场景的各种意义，建筑得以超越物质和功能的需要，场所既是经验，也是感知，是建筑设计意义的源泉所在。而克莱尔·库伯·马库斯、卡罗琳·朗西斯在《人性场所》一书中提出了城市的有关场所类型及精神塑造，这一理论包含的实质即怎样把场所构建得让人能

温州中学·步青广场

温州中学校友步青广通过广场铺装、绿化、学生活动室Box、苏步青雕塑，营造"未来科学家的摇篮"的场所意境。

少年志
中学文化校园营建路径

温州中学·老校区被炸纪念碑

老校区被炸纪念碑作为温州中学抗日战争时期的文化痕迹，通过润物无声的方式嵌入美育小岛景观环境，在与学生不期而遇时，触发温州中学的集体记忆，激发温州中学少年的认同感和归属感。

够感受到其中所蕴含的场所精神。[1]

2. 场所精神与文脉的关系

场所精神理论在某种程度上，是对地域、文脉和场所三个各有侧重的概念的综合。

诺伯舒兹在他的著作《场所精神——迈向建筑现象学》中写道："人所生活的人为环境并不只是实用的工具，或任何事件的集结，而是具有结构的同时使意义具体化。这些意义和结构反映出人对自然环境和一般的存在情境的理解。因此，对人为场所的研究必须有一个自然的基准：必须以与自然环境的关系作为出发点。"[2] 场所是与自然环境相结合的有意义的整体，这个整体反映了在特定时间、地段中人们的生活方

---

1 王元春.基于场所精神湖南大学空间文化环境营造研究 [D].长沙：湖南大学，2018.

2 诺伯舒兹.场所精神——迈向建筑现象学 [M].施植明，译.武汉：华中科技大学出版社，2020：48.

式和环境特征，蕴含了地域文化与文脉的内涵。场所不仅具有实体上的形式，还具有精神上的意义，前者与地域文化中的地理、气候等物质因素相契合，后者与地域文化中传统、习俗等决定特定区域文化身份的内容有关。同时，场所"必须以自然环境的关系为出发点"，也就是强调场所作为所处环境的一部分，必须注意其与所处环境的"上下文"关联，即文脉。

文脉是校园场所精神"认同感"产生的基础。诺伯舒兹在阐述场所精神的"认同感"时指出，"而且他同时得在环境中认同自己，也就是说，他必须晓得他和某个场所是怎样的关系。"认同感出现在人能理解自身在场所的语境中的"上下文"关系。文脉的信息展开和传承，在学校层面有物质和意识两个层面，分别是显性和隐性的传承。物质层面上，校园在发展和延续的过程中，必然会留下一些历史遗迹，或是代表当时年代的文化痕迹，是可以直接读取的"历史年轮"，人们很容易明白其中的文脉信息，从而产生认同感。精神层面上，文脉的隐形表达是通过集体记忆来实现的。冯骥才先生指出"城市和人一样也有记忆，因为它有完整的生命历史。从胚胎、童年、兴旺的青年到成熟的今天——这个丰富、坎坷而独特的过程全部默默地记忆在巨大的城市肌体里，一代代人创造了它之后纷纷离去，却把记忆留在城市里。[1]"校园也是如此。认同感出现在记

1　冯骥才.思想者独行[M].石家庄：花山文艺出版社，2005：22.

忆被触发的瞬间。

3. 场所精神与地域的关系

18~19世纪英国的风景画造园运动追求"地方精神",是西方早期的地域主义,但这是一种充满怀旧的浪漫地域主义。1924年,芒福德将地域主义从商业和沙文主义的弊端中拯救出来,提出如下五个方面:它不同于旧形式的地域主义,拒绝绝对的历史主义,拒绝使用那些不能满足建筑功能的地方材料;反对"回归自然"这个传统地域主义术语;赞成使用最先进的机器,只要机器在功能上是优化合理并且可持续的;与传统地域主义特指的和当地密切相关的单一文化不同的是,他认为地域文化应当是多元文化;他没有将"地区"与"全球"对立起来看待,而是在两者之间寻求一种平衡的方法。到20世纪80年代以后,有关地域主义理论更加系统化。挪威建筑学家诺伯舒兹提出了场所精神理论,主张建筑应与地域场所相适应,体现建筑场所精神。他认为重中之重在于如何调和"普世文明"与地域文化,使之达到一种平衡,并强调:"批判的地域主义自我表现为一种自觉地设置了边界的建筑学,建立'场所—形式'之间的关联性,强调的是使建造在场地上的结构物能够建立起一种领域感……强调建筑与场地的相关因素的回应,如对地形、气候与光线做出的反应,反对'普世文明'通过外在机械对自然因素的改变……反对单纯对地方乡土感情用事地模

温州中学·蜡梅

蜡梅作为浙南地区常见的植物，使场所呈现出时间、地域维度的线索。

仿，但不反对引入乡土建筑因素并进行再诠释，用现代的转译
方式创造一种具有当代地域精神的文化。[1]"

1　尼斯·弗兰姆普敦.现代建筑：一部批判的历史 [M]. 张钦南，等译.北京：三
联书店，2014：369-370.

地域文化是校园场所精神"方向感"产生的基础。根据场所精神的观点，"疆土、区域、地景、聚落、建筑物（以及建筑物的次场所）逐渐缩小尺度，形成了一个系列。这种系列的等级可称之为'环境的层次'"；"一个好的环境意象能使它的拥有者在心理上有安全感。因此所有的文化都发展了自己的'方向系统'，也就是'能达到好的环境意向的空间结构'"[1]。只有对地域性充分考虑，才能使得校园融入地域性的"环境层次"之中，找到契合地域文化的"方向系统"，从而形成一个"好的环境意象"。而这点对场所精神方向感的形成具有两方面意义：从空间意义上，对地域文化的考虑使位于不同地域的校园具有了不同的特质，而这样一种特质正是形成人对场所方向感的重要基础；从时间意义上，地域作为"文化"的结果，使得场所呈现出时间维度的种种线索，其"记忆"让人们建立起与周遭环境积极而有意义的联系，包含了方向感的明确客体。

4. 场所精神与文化校园的关系

国内对场所精神的介绍和研究，与地域文化、公共空间、空间体验、大学校园、文脉、景观、环境等概念高度相关。对大学校园建设中场所精神的营造的相关研究也是一个热点，并常与建筑设计的方法论、环境行为心理学、校园文化等概念放

---

1 诺伯舒兹.场所精神——迈向建筑现象学[M]. 施植明，译.武汉：华中科技大学出版社，2020：17.

温州中学·毓秀园

温州中学毓秀园将场所精神的营建与校园景观设计、湿地特色地域环境相结合。

在一起讨论。

有针对大学校园景观设计的研究，通过对存在的问题剖析，将场所精神的营造与高校校园景观设计相结合，提出解决方案[1]；有对大学空间文化环境营造的探索，以场所精神为切入点，寻求其对校园空间文化环境的借鉴和启示[2]；有针对高等教育迅速发展、历史建筑加速老化的时代背景，探讨如何在校园更新过程中传承和延续高校的场所精神[3]；也有把大学精神和场所精神放在一起讨论，试图改变高校校园存在的世俗化倾向和大学精神的缺失现象，倡导通过校园场域的规划以重建大学精神[4]。

尽管将中学文化校园与场所精神放在一起的讨论基本从缺，但高校校园和中学校园在基本构成上相似度很高，相关研究还是有很强的借鉴作用的。

1 于爱菊.融入场所精神的中国高校校园景观设计分析[J].花卉，2017（18）.

2 王元春.基于场所精神湖南大学空间文化环境营造研究[D].长沙：湖南大学，2018.

3 郭苏明.场所精神的延续——由高校传统校区更新谈起[J].华中建筑，2008，26（2）：142-144.

4 殷巧生.大学校园与大学精神的塑造——基于诺伯舒兹的场所精神[J].南京理工大学学报（社会科学版），2018，31（2）：74-77.

3

明义：

少年志向谁与归

松果

3.1 少年的校园

3.1.1 校园里的少年

有两种类型的机构非常像，一是学校，二是兵营[1]。两者都有相对固定的场所，容纳着一定规模的人群，这些人群被组织起来，共同起居生活，并有固定时段限制，不短不长，一般为数年。同样是有组织成规模集聚，公司或工厂中人多且杂，时段设定会更长，甚至是一辈子；医院与疗养院的时间较短，但人员构成特殊，多是病人或弱者；监狱中关着的人体能不弱，但都是罪犯……学校与兵营还有共性，即常说的"铁打的营盘，流水的兵"，套用过来即"铁打的学校，流水的学生"，对中学而言，是"铁打的中学，流水的少年"。

除了个别聪颖早慧的天才儿童，或更少量错过周期来补课的成年人，少男少女们这道"流水"，是中学校园里当仁不让的主角。这是现代社会所设定的，每个人在成长过程中必会经历的一段。

而老师和校园组成了"铁打的中学"。老师多数是成人，教书的同时也部分代替父母的角色，陪伴少年们成长，如立于田野的大树，庇荫并送走一茬又一茬青苗。从教育的维度解

---

1 陆激，周欣.读懂教育、设计未来——基于教育理念更新的中小学设计探索[J].城市建筑，2016（1）：20-24.

温州中学·校史岛休息角的少年们

读，老师和校园各自分别代表着学校的师道和场所精神，两者都很重要。从纯粹的精神视角认知，前者是少年们的导师，后者则是他们的守护者，共同守护着学生的精神生活，对中学而言，所守护的，就是少年精神。谈校园文化，建设文化校园，离不开少年精神这个核心。

那么，何谓少年精神？

3.1.2 "少年"这个标签

"少年"这个词的内涵，有相对固定的一面，也有随时代而生的改变。

站在校园里看少年，至少在当代，用"苦闷的少年"来给他们贴标签，估计反对声少，共鸣者多。

当代人接受学校教育的周期普遍长。多数人会在小学度过以启蒙为主的快乐童年，又在大学开启神采飞扬的激昂青春；而整个中学期间，少男少女们头顶叛逆与青涩的标签，应付着一场接一场的考试，默默经历着人生这个本应有声有色，如今却一言难尽的阶段。写入回忆的，多的是"为了忘却的记念"[1]，少了那份"鲜衣怒马"[2]的华彩。如果做一个调查，为整个人生

---

1 《为了忘却的记念》是鲁迅创作的一篇杂文，借以纪念"左联"五烈士而写。
2 引自岳飞所作的《鹊桥仙》："鲜衣怒马少年时，能堪那金贼南渡？"

阶段标定一个明亮度，从现代中学校园中走出的被访者，很可能不会把最高光的颜色留给少年时期。

而在以下的话语体系里，少年仍是人们整个生命画卷中最鲜亮的那个颜色，现实与想象间的这种反差不得不说显得有点讽刺。流行金句"愿你出走半生，归来仍是少年"中[1]，少年几乎成了人生最美好的那个起点，是风尘万里、阅尽千帆后依然不改的初心；在新潮的网络认知中，"少年感"仍旧被用来形容超越年龄的"干净""温暖"，是"阳光"和"有活力"的代名词；在梁启超的《少年中国说》中，更是"红日初升，其道大光。河出伏流，一泻汪洋。潜龙腾渊，鳞爪飞扬。乳虎啸谷，百兽震惶"的国运象征，"少年智则国智，少年富则国富，少年强则国强"[2]。对比现实，中学校园里被书包和考试压得双目无神的孩子们，那样神采飞扬的少年仿佛只奔跑在故事里，活在梦中。

事实上，自古以来经典的少年形象与"苦闷"相去甚远。少年的标签，是不委屈自己，并推己及他，见不得人间不平，肝胆相照间动辄拔刀相助。在传统歌咏辞赋之中，少年与任侠之间几乎可以直接画上等号。

1　源自作家冯唐微博"出走半生后，归来仍少年"。
2　引自梁启超的《少年中国说》。

人比驴瘦的苦吟诗人贾岛，平时愁眉不展，"两句三年得，一吟双泪流"，而笔下的少年剑客却锋芒毕露：

"十年磨一剑，霜刃未曾试。今日把示君，谁有不平事。"

身居高位、诗画双绝、佛心道骨、温柔敦厚的王维，一旦写起少年，也是意气风发：

"新丰美酒斗十千，咸阳游侠多少年。相逢意气为君饮，系马高楼垂柳边。"

更不用说本来就是天纵奇才、不可一世的李白，从来与少年同气相求，同声相应：

"少年负壮气，奋烈自有时。因击鲁勾践，争博勿相欺。"

其骄傲奋发处也是心气满溢：

"赤心用尽为知己，黄金不惜栽桃李。桃李栽来几度春，一回花落一回新。府县尽为门下客，王侯皆是平交人。"

如果说有什么白璧微瑕，不过是年少轻狂：

"五陵年少金市东，银鞍白马度春风。落花踏尽游何处，笑入胡姬酒肆中。"

而且，按李白的说法，如果少年时混得不好，那一定是读书的"锅"：

"衣冠半是征战士，穷儒浪作林泉民。"

家学渊源、少负文名的令狐楚对此十分同意：

"弓背霞明剑照霜，秋风走马出咸阳。未收天子河湟地，不拟回头望故乡。"

民族英雄岳飞元帅也以此教子岳云：

"沉江望极，狂涛乍起，惊飞一滩鸥鹭。鲜衣怒马少年时，能堪那金贼南渡？"

字里行间除了豪迈，看出来也有遗憾：若有少年十万，何虑半壁江山。

连一向老成自持、寻章摘句、心系朝廷的杜甫，也高看少年们一眼，只是对他们的不懂礼貌略有微词：

"马上谁家白面郎，临阶下马坐人床。不通姓字粗豪甚，指点银瓶索酒尝。"

当然，以上多为文学鼎盛时期的声音。但即使到了古典晚期，帝国的垂暮之年，冷眼看万马齐喑的局面，杭铁头龚自珍吟到少年时，悲怆中乃不乏激越：

"少年哀乐过于人，歌泣无端字字真。既壮周旋杂痴黠，童心来复梦中身。"

总之，昂扬向上、任侠使气，是古典文学作品中少年的标准像，也是普遍的社会共识。

在今天，尽管现实中的少年们被分数和书包压得喘不过气来，但也许受叙述惯性驱使，更可能源于压制不了的天性，现实中的不如意还没有完全映射到符号系统中。无论是在文学想象中还是在日常话语体系里，少年始终仍属于"正能量"的那一侧。毕竟属于成长期，天赋生命力旺盛，少年们在脆弱和不稳定的一面之外，更有超乎寻常想象的承压能力。

就如种子只要有一丝阳光，就能冲破坚硬的石缝，现实中的少年们等待的可能也只是一个机会。教育改革的路可能会很漫长，单纯减负也过于狭窄片面，成长是挡不住的天性，少年们无惧风雨。不必担心，他们肯定会长大，重要的是，别让他们畸形生长。

3.1.3 校园古今变迁

也许，应试教育真不必背全部的锅。"人生识字忧患始"[1]，学校教育本身对人的天性就有一定程度的压制，应试教育只是在程度上更重一些。因此，仅就此而言，学校的形象是负面的。回顾校园建设的历史，校园形象经历了从五花八门到整齐划一，再到有意识寻求变化和突破的过程。校园形象的变迁与

1　引自苏轼的《石苍舒醉墨堂》。

少年境遇的变幻，有错位，也有深刻的关联。

至少在起点，校园图景曾经相当梦幻："孔子游乎缁帏之林，休坐乎杏坛之上。弟子读书，孔子弦歌鼓瑟"，夫子所在，就是教室。从孔夫子开始，私塾模式始终是古代中国教育的基石，国子监一类的官学以及乞食传教的庙学只是补充。私塾是家学，家就是学校，学校也就是家，这与儒学传统中家国天下的人间图景设定高度一致。在官本位意识根深蒂固的汉文化传统中，官学的重要性，至少是其普遍性始终排在家学之后，原因很多，但多少反映了儒学思想的另一面，即家族权力在一定程度上要高于皇权。贵贵而尊官是法家而非儒家的主张。

古希腊柏拉图的阿卡德米学园和亚里士多德的吕克昂学园，则是西方学校的鼻祖，两者都配备有很大的图书馆、博物馆甚至实验室，但不存在教室，这相当耐人寻味。古罗马时期，有钱人在私家花园接受教育，穷人在宗教场所或街头巷尾接受教育。到中世纪，修道院成了教育的主要场所。

在古代中国，少年们的天性在私塾这样的家学中，饱受宗法制度教化的压力，但也多少能得到一些亲情的纵容和呵护，不至于全然被逼到墙角。这是其不多的优点之一。另一个优点是因材施教。没有统一的教学大纲，没有教学指导意见，塾馆的先生们自由心证式的教学活动，天然具有个性化教育的特色。现代学校有很多优点，但规模化生产，纵向管理，难免一刀切，讲起因材施教，就有所不如了。

所以，私塾的"校园"形象（如果也称其为校园的话），是家和它的后花园。"从百草园到三味书屋"，时而严厉、时而滑稽的老夫子，总想偷懒、偶尔勤奋的顽童学子，杂草与花鸟并茂的园子，共同构建了典型的私塾校园场景。不过，三味书屋更准确的定位是"蒙馆"，略等于小学；更接近现代中学的，是"经馆"和书院。但其实不能这么简单类比，中国传统的教育体系与现代教育体系完全不同。像书院，几乎是小学+中学+大学的合体，这在如今难以想象。书院这样的地方，走出梁山伯与祝英台并不奇怪，他们的行为，尤其是那个不解风情的梁山伯，非常符合童年、少年、青年混合型人格的特征。爱情悲剧的根源，潜伏在万松书院的阵阵松涛和琅琅书声之中。书塾与书院，有僵化教条的一面，但也不乏过去年代的脉脉温情。

相形之下，现代教育体系下的学校，更显得冷冰冰。

现代教育体系由近代社会的工业化浪潮所推动建立。1632年，捷克教育家夸美纽斯（Jan Amos Komensky）在他的《大教育论》中提出"班级授课制"，最终成为现代教育的核心制度，其最重要的动因就是效率。19世纪，工业革命需要大量训练有素的产业工人，教育从精英走向普通人，推动大规模的学校建设。1850年前后，英美等国开始有学者研究教室的布局、采光、通风、噪声、空气质量、设备配置等因素，制定相应标

万松书院的松树

准，学校建筑开始规范化、标准化。清末光绪二十九年（1903年）颁布《奏定学堂章程》（又称《癸卯学制》），是中国近代第一个以教育法令公布并在全国推行的学制，可以说是中国现代教育的滥觞。它的初等小学堂、高等小学堂、中学堂、高等学堂等阶段设定，对学校教育课程设置、教育行政管理等的规定，均对中国近代教育有深远的影响。最初受制于经济条件，校舍常托身庙宇和宗祠，逐渐得到改进与完善。至 1986 年，《中小学校教育建筑设计规范》颁布，国内的中小学校舍建设才第一次有了一部规范性的依据。

近现代学校为培养流水线上的产业工人而设，纪律和效率使之整齐划一如兵营，标准化造成重复和相似，效率高了，人情味就少了。这一代校园里，高度有纪律，高度有秩序，高度有效率，快速标准化的人才培养体系，要求规范、标准和高效的校舍，造成重复和相似。这些合乎规范、效率优先，"很像学校的学校"，当初曾代表了进步、规范和效率，然而随着社会的发展，逐渐已不适应时代的需要。

我们这个时代，被赋予很多的称谓，诸如"E时代""后工业社会""创新型社会""知识型经济"……总之，是"非机器时代"。学校教育，也越来越被要求超越职业"培训"和技能"训练"的范畴，强调性格"养成"和知识"探索"，从追求共性转向提倡个性。校舍也随之而变，"不像学校的学校建筑"渐成许多欧美国家以及亚洲日本的主流。例如俄罗斯Irkstsk的Smart School，巨大的圆环折板覆盖不同功能的教学用房，向心的形状围合出共享花园，出挑的屋檐提供了适宜多种活动的灰空间；美国的Panther Lake小学，整体看起来就像多彩的集装箱的组合；隈研吾设计的东京帝京大学附属小学则通过大量利用木材，为学生塑造了一个充满生活情趣的场所。

国内也有"不像学校的学校建筑"的优秀案例，比如Open建筑事务所的北京四中房山校区、李晓东设计团队的桥上小学、壹零城市建筑事务所的天台赤城二小等。但因为教学目标、教学模式等核心因素没变，所以这些探索往往各有契机，便是特例，无法推广。大量在建的仍是队列齐整的"营地"式校园。这就是今天的现实，也是今日少年们不得不面对的成长环境。

3.1.4 成长中的迷失

苦闷的少年迷失在坚硬的校园中。

应试教育各色各样的弊端里，对人格和价值观塑造的负面影响，无疑最被诟病。钱理群先生提出"精致的利己主义者"概念，获广泛共鸣，可见切中时弊。然而，钱先生在他的大学里接触到的那些"精致"的年轻人，并非到了大学才突然变得"利己"的。所以，相当多的学者把此现象与基础教育联系起来，将问题追溯到中学教育，甚至学前教育，应试教育再一次沦为标靶。多数论者认为，这是学校教育中一味强调竞争所埋下的隐患而造成的恶果。部分学者认为，改变这种情况要从小抓起，提出当代教育要向公共生活回归。

这无疑触及了比较深的层次。论者认为，应试教育的指挥棒下，孤立而缺乏交往的个体境遇成为精致利己主义者诞生的温床。个体成长的过程必须面向他人与社会，是一段必须被置身于人与人、人与社会关系之中而展开的过程。基于此认识，学校教育不能孤立地进行，而必须面向公共生活，开启公共生活，在公共生活的观照之中，激活个体的成长。活在人与人的关系之中，才是人的现实性的表达。[1] 被应试教育压缩到边缘的校园公共生活是公民教育极其重要的起点，是培养"个体向着公共空间涌动的实践品格"的场所。这符合马克思在"关于费尔巴哈的提纲中"人的定义所蕴含的推论。

"人的本质不是单个人所固有的抽象物，在其现实性上，它是一切社会关系的总和。"[2]

抽象的人必须被置于人与人之中才能成为现实的人，个体

---

1 刘铁芳，刘艳侠.精致的利己主义症候及其超越：当代教育向着公共生活的复归[J].高等教育研究，2012，33（12）：1-8.
2 《关于费尔巴哈的提纲》是德国思想家卡尔·马克思于1845年春创作的一篇政治文章，最早发表于1888年。

的人只有在人群中才能成长为完整的人。在传授知识这个职能之上，是育人这个教育最根本的任务。精致的利己主义者是填鸭式教育催生的"奇异果"，某种程度上，人格是不完整的。

以上观察揭示了一部分的真相，但也忽略了事物的另一面：中国的文化传统，恰恰更重视人的社会关系有甚于其个体的独立性，个人被禁锢在氏族宗法体制中，必须在此社会等级关系中才能定位自己的身份；有论者甚至认为中国文化没能产生独立的个体意识，在社会关系中确立自身身份已成为文化本能。因此，尽管当前的教育体制导致学生们疲于应付考试，成长中缺乏公共生活本身是事实，但将"精致利己"现象完全归咎于此并不准确。起码，那些"精致利己"的孩子们的问题，并不在于不懂得与他们周边的"社会关系"相处。相反，他们可能太懂了，可能太善于适应并调动周边的一切关系，为个体的目标服务，如鱼得水。从这个角度看，尽管教育过程没有给他们太多机会"参与公共生活"，但由于他们的早慧与努力，他们非常懂得适应社会。"精致的利己主义者"形容的是这么一批人，他们可能是"人与人之中最现实的"。这听起来像"悖论"，但更接近事实。

真相是，应试教育不能独任其疚，它的存在其实并非一件稀奇事。千年科举制度，在某种程度上也就是应试教育的古典版。应试教育被多方诟病的各种弊端，科举制度无不有之，如果不是更有甚之的话。科举制度造成思想的禁锢，略同于今天讲的"批判性思维"和"创造性思维"的匮乏；科举制度造成的价值观扭曲，也有似于"精致利己"的狭隘，即所谓"乡愿德之贼也"；只会做八股的腐儒，差不多就是今天所谓只会考试的"做题家"。

因此，给"精致的利己主义者"找的病因为"应试教育"，开的药方为"公共生活"，有对症之处，也有可商榷的地方。

教育是社会的一个侧面，若有问题也并非孤立地存在。1840 年之后，传统的宗法制度被击溃，通过几代人的努力，中国社会革故鼎新，变化可谓巨大。至少在表面上大部分困惑和阵痛已经不存在，最起码，今天在小学和中学课堂里传授的"知识"，除了"语文"和"历史"，可以说差不多已经"全盘西化"了。就像在各种正式场合，西服是标准的正装，长袍广袖的汉服反而只是猎奇时的打扮。然而，在社会意识的深处，不安仍在发酵，并时不时以各种方式浮出表面。旧秩序所留下的空白，其实并没被填满，新旧之间的纠缠和变异，不仅只是"死灰复燃"或"生搬硬套"那么简单。文明的冲突既然没能以一方消灭另一方为结果，文明的融合也绝不意味着就是另一方消化这一方那么简单。从这个意义上看，"精致的利己主义者"有无辜的一面，他们的聪明和努力，没能让他们摆脱这样一个身份：两种文明交替变幻间的文化"孤儿"。

"两间余一卒，荷戟独彷徨。"[1]

仔细的剖析当另案研究，这里只需看见，新的更有效率的组织方式让"千年传承"的应试教育弊端凸显，宗族制度的崩溃则把个人赤裸裸地抛向社会，没有人做好了全部准备。在鲁迅那个时代或诉诸彷徨，在今天，精致利己（或者消极应对，这是最近的方式）成为少年们没有机会再犹豫之后无奈的选择，而且这种选择多少有点失去了方向。这才是精致少年们悲剧的根源。

少年老成，一个褒中有贬、贬中有褒的成语，高度概括了那些略有些无辜，但经常被认为咎由自取的少年。人心和校园共同构筑了精致的牢笼，精致利己只是他们保护自己的某种方式，只是表象。在这种"精致"的表象背后，必然隐藏着巨大的"失落"，无论少年们是否有自知，是否心藏孤闷，但无论从哪种角度和行为观察，他们都失去了快乐。

个别老成的少年可能是领袖、敲钟人或吹哨者，但当老成成为群体性格时，则只会剩下暮气和油滑，甚至会是可怕。当"少年老成"这个词最早在东汉赵岐的《三辅决录·韦康》中出现时，是褒义的，在夸奖韦康有老成之风的同时，也充分肯定其昂昂千里之姿，仍是少年才俊模样。然而，精致少年们的老

1　引自鲁迅的《彷徨》。

成却总有失大气，他们过早与现实达成默契（或者说妥协）。并且，由于在未出社会以前的校园里已经因此得益，他们的精致往往从被动变成主动；当少年们迷失在浅薄的世故里不能自拔，这才是钱理群先生深刻的忧虑之所在。

少不更事的莽撞固然不足取，但初生牛犊不怕虎，才是少年应有的精神。

3.2 回归的少年

3.2.1 少年首重立志

好校园首先要有好少年，这是前提。

文化层面的事从来非朝夕之功，少年们的成长时不我待。中学校园承载了他们人生的花季，书包和成绩可能一时还无法从他们的肩头卸下，文化的创伤可能需要未来靠他们自己去弥合，但校园却有理由成为少年精神的摇篮。少年精神应当重新从文学想象和话语体系中走出来，回归现实，回到每个生龙活虎的少男少女们身上，洋溢在他们的笑容、悲恸和愤怒里。

当然，校园只是载体，只是包容少年精神能够茁壮成长的场所。少年精神的回归，还是要在成长中找到立场，找到少年精神之所以生发的原点。重视立志教育的呼声，在当代被越来越多地听见，正因为此，所谓"志不立，天下无可成之事"[1]，童年需要启蒙，壮年当有所用，而少年，则首重立志。

志，首先是志向。它有明确的方向性，人各有志，直接指向终极目的，而且是排他性的。"志于道德者，功名不足以累其心；志于功名者，富贵不足以累其心。[2]"这是成长中极其重要的一步，某种程度上是真正的第一步。孔子回顾一生，说"吾十有五而志于学"，以立志为起点，并非随口。志向决定了人生的方向，并且，非经极重大的变故，不会改变。十五是少年，方向即终点，志向决定了每个人所可能抵达之处，差不多也就囊括了生而为人的全部意义。

志，还是志愿，是被自己所认可的目标，会触发自觉的行动。被他人或体制设定的目标不是志愿，受欲望驱使的一时冲动更加不是。志愿是理性的决定而非感性的莽撞，或者说，是理性与感性达成一致的意愿。志愿是稳定的，超越欲望，但也不违背人的基本情感。通过强烈的意志忍受身心痛苦以达成的目标，只会是手段而非终极目的，志愿所指向者，从根本上而言，都应该是靠近光明和快乐的。所以，志还是志趣，有盎然的一面。少年立志，如果立得苦大仇深，那就得反思一下，肯定有哪里搞错了，不是所立非志，就是所托非人；如果立得精

1　引自王阳明的《教条示龙场诸生》。
2　引自王阳明的《与黄诚甫书·癸酉》。

温州中学·在匡国小道上眺望美育小岛

美育小岛塑造静谧的场所氛围，融入三垟湿地的湿地景观，同时改善校园环境，把美的校园还给少年，包容少年精神茁壮成长。

神抖擞、容光焕发，庶几近乎志也。由此而生发的少年精神，才是健康向上、拥有未来的。

　　志，更是心志，由内而外无所凭借、无须依傍，在心上立，从虚处生。一味沉浸其间（所谓与现实和解）是无法摆脱"苦闷"的现实，现实的困境首先要由想象去超越，然后才能化为有目标、有成效的行动。这就是想象的力量，也就是心志的决定性。王阳明以心立教，所以特别重视立志："夫志，气之帅也，人之命也，木之根也，水之源也。源不浚则流息，根不植则木枯，命不续则人死，志不立则气昏。是以君子之学，无时无处而不以立志为事。正目而视之，无他见也；倾耳而听之，无他闻也。如猫捕鼠，如鸡覆卵，精神心思凝聚融结，而不知有其他，然后此志常立，神气精明，义理昭著。"守仁先生把"志"立为起点，也视为过程，更视为一以贯之者。这与孔子所言相似。孔子"志于学"，并博学多识；但夫子自道，从来不以此自诩。《史记·孔子世家》载：

"子贡色作。孔子曰：'赐，尔以予为多学而识之者与？'曰：'然。非与？'孔子曰：'非也。予一以贯之。'"[1]

仿佛看见孔夫子在敲黑板："多学而识之"不是重点，学才是孔子的"志"，一以贯之的道。所以，这个心志也可以说是每个人一生的"志铭"，但有所立，无可更改，不是不能，而是不愿。很显然，你也可以"愿"，但朝令夕改、朝三暮四，也谈不上所谓立，更谈不上所谓志，只是痴人说梦而已。

从童年到少年，心智渐成，正是立志之时。早于此，则心智未开，懵懂顽皮才是本色，与顽童讨论立志，不如和他多玩游戏；晚于此，则心智已成，也许还谈不上油滑，但很多时候已经话不投机，与他们讲立志，不如随口聊天气。

1　引自西汉史学家司马迁的《史记·孔子世家》，收录于《史记》中。

所以，立志要趁早。

3.2.2 立志从来尚虚

讲立志的古今很多，但每有不得其法者。

（1）"超越性"与中国文化

在中西文化之辨中，始终有一种声音，指认中国文化缺乏"超越性"，尽管不算大声，但却影响深远。论者认为以儒家为代表的汉文化传统更重现世，不关注来生（这基本已经成共识）。道家尽管没有儒家那么入世，但追求的也是现世的逍遥，而非来世的救赎。从另一个"西方"输入的佛教思想，尽管有"往生极乐"的教义，但最终在这片土地上扎根的禅宗，从六祖慧能开始，也悄悄把视野放回了现世本身。禅宗"见山是山，见水是水"的境界，百丈怀海"一日不作一日不食"的规训，与儒家"耕读传家"的理念如出一辙。在农耕文化的大背景下，"不事生产"与其说是超脱，更容易被认为是罪过。中国人的现世情怀是有生存必要性为依据的，但不能因此就认为中国文化缺少必要"超越性"。

另外一种声音也有关"超越性"。有论者以为汉文明之所以没有孕育出科学（这是毋庸置疑的事实），也是因为过于看重现世，"超越性"不够。有学者认为，西方科学精神本质上是一种"爱智慧"的精神。

　　"'哲学'这个概念来自西方，在古希腊，它意味着'爱智慧'（Philosophy），也就是对智慧本身的追求和热爱，将智慧本身视为高于一切其他目的的神圣目的。所以当年日本人最初译这个词为'爱知'，后来才从古汉语中拈出一个'哲'字，改译作'哲学'，意思是'智慧之学'，这就是今天我们中国人习惯上所用的译名。虽然后来日本又有人把这个译名改了回去，但中国人一直没有跟着改过来，我们觉得'哲学'这个词用得很顺手，也很容易理解。

　　但把'爱智慧'译作'哲学'（智慧之学），这一译法实际上造成了一个巨大的文化错位。因为数千年来，中国哲学有'智慧'，但没有'爱智慧'，有'智慧之学'，但没有'爱智慧之学'。"[1]

　　然而，因此就认为中国人自古以来从来没有因为对智慧本身的热爱而研究智慧的，总是为了别的目的，如"解脱烦恼，长生久视，如治国平天下，如协调人际关系"等，即没有超越智慧本身，则未免有些武断了。

　　当然，这是个重要的大问题，这里只就"立志"而言之，从立志的角度，检视中国文化中有关"超越性"的源流，以为立志者的镜鉴。

1　邓晓芒.什么是哲学[J].华中科技大学学报（社会科学版），2011，25（1）：22-26.

（2）孔子的"有志于学"

立志从虚，孔子作了最好的示范。

子曰："吾十五有志于学，三十而立，四十而不惑，五十而知天命，六十而耳顺，七十而从心所欲，不逾矩。"一般读《论语》这一段，重点会放在解读夫子毕生的学习和修养的过程上。而"十五有志于学"，则往往读作：我十五岁开始立志学习，到三十岁有所成就。这并没有错。然而，很少有人从少年立志这个角度来完整解读，更少有意识到，孔夫子当年立志，其志在学，而非在知，两者之间微妙的差别，比想象的大。

孔子从小爱知识，幼时就喜欢玩俎豆之戏，后来问礼于老子，学琴于师旷，并爱读诗，"兴观群怨"之外还"别有用心"，借诗"多识于鸟兽草木之名"。然而，小时候爱知识，不等于后来的"志于学"，仅仅是导向志于学的路径。孔子的学，不等于学习知识。《论语·学而》有云："贤贤易色，事父母能竭其力，事君能致其身，与朋友交言而有信。虽曰未学，吾必谓之学矣。"由此可见，孔子的学，的确是某种认知之志，而非认知之用。

孔子的学生子路很鲁莽，但也有聪明的一面。《论语·先进》记载：

"子路使子羔为费宰。子曰：'贼夫人之子。'子路曰：'有民人焉，有社稷焉，何必读书，然后为学？' 子曰：'是故恶夫佞者。'"

孔门师生间互相诘问，只要子路一出来，总会令人忍俊不禁，不觉莞尔。子路声称"何必读书，然后为学"，其实并没有偏离他老师的教诲，只是顺手发挥了下，孔子从心里是同意的。之所以被指为"佞者"，是说他巧言狡辩，并没有否定子路的认知。

所以，孔子讲志于学时的学，其实是虚指而非实指。这一点长久以来为世人所忽略。美国学者狄百瑞说："孔子所说的学习之道，是一种修身之道，即自我涵养成为君子的德性的道理，也是自己如何去展现出为人的理想性"，这一表述有点靠近了真实的孔子。

学，不仅指向具体的某一类知识，也不仅指向去学习某种知识的行为。在孔子的体系里，仁很重要，礼很重要，忠和孝也很重要。但孔子志于学，而非志于仁，也不志于礼、志于忠、志于孝……反映了孔子的一个非常深层的选择：学，不仅是手段，更是目的。

说到这里，此前对超越性的讨论就有了落脚之处。那些"中国人自古以来从来没有因为对智慧本身的热爱而研究智慧"的说法，是误解，也是傲慢。不以实利为目的，是每个真正儒者的基本品格。儒者的入世，不是随波逐流，而是悲悯，是"知其不可而为之"的勇敢，是文明茁壮之初鲜活的少年精神。

在实地做事，向虚处立志。"志于道、据于德、依于仁、游于艺"，要体会四者之间微妙的差别。

（3）孔子"志"的实与虚

孔子言志，有切实之处。《论语·公冶长》记录孔门各言其志：

"颜渊、季路侍。子曰：'盍各言尔志？'子路曰：'愿车马衣轻裘，与朋友共，敝之而无憾。'颜渊曰：'愿无伐善，无施劳。'子路曰：'愿闻子之志。'子曰：'老者安之，朋友信之，少者怀之。'"

此处是孔子"志"的切实的一面，世人也许因此误解儒的志向仅只限于经世济民。然而，《论语·先进》记录了另外一个场合，弟子们各言其志后，孔子点名要曾参说一说：

"'点！尔何如？'鼓瑟希，铿尔，舍瑟而作，对曰：'异乎三子者之撰。'子曰：'何伤乎？亦各言其志也。'曰：'莫春者，春服既成，冠者五六人，童子六七人，浴乎沂，风乎舞雩，咏而归。'夫子喟然叹曰：'吾与点也！'"

从夫子喟然的叹息中，可以读到夫子内心对"学"的设定：学之乐，并非仅限于其有用，更多在于其本身，这也是夫子"吾十有五志于学"的本心。论语开宗明义，"学而时习之，不亦说乎！"讲得就是这个意思；孔子夸颜回，"一箪食，一瓢饮，在陋巷，人不堪其忧，回也不改其乐。"说的也是这个意思；夫子自道："发愤忘食，乐以忘忧，不知老之将至云尔"，宣示的还是这个意思。而这，恰恰就是孔子言志的超越的、"虚"的一面。

（4）志的淡泊与高远

举凡论及立志，古今教条很多，大略可分为两类。

一类是诸葛亮主张的从淡处立志。

"夫君子之行，静以修身，俭以养德。非淡泊无以明志，非宁静无以致远。"其中淡泊宁静之语几乎是书家至爱，差不多人手一联。所谓淡泊，即恬淡寡欲，所谓宁静，守得住寂寞，意思也差不多，都是在区分志向与欲望，要义在不让欲望蒙蔽了志向。这说法本身并无问题，但读者不能依此将志向和欲望绝对对立。人而为人，有他生物学的基础，欲望就是这个基础的映射，也是人有诉求的最原始的动机。人的理性可以成长，可以超越，但不能完全否定欲望。绝对否定欲望，人的生物学的基础被消灭，人也同时被消灭了。"存天理灭人欲"之所以不得人心，就在这里。

温州中学·教学楼架空层

架空层设计适当留白，为文化展示功能预留可能，同时空间的留白将湿地景观引入
架空层，无形中拓宽了校园的空间、心理界限。

另一类是王阳明的从高处立志。

"立志而圣则圣矣，立志而贤则贤矣。"希贤希圣，可谓高
到绝顶。"会当凌绝顶，一览众山小"，少年王阳明语出惊人，

最终也如愿以偿，完成了儒者理想中"立德、立功、立言"三不朽的绝世伟业，以身作则，树立了"志当存高远"的榜样。

淡泊派和高远派有时殊途同归。明陈继儒《集灵篇》即有"志要高华，趣要淡泊"的说法，就将两者合二为一了。有意思的还有诸葛亮，前文主张淡泊的是他，而"志当存高远"一语也出于他。前者是写给幼子诸葛瞻的，后者则是写给他外甥的：

"夫志当存高远，慕先贤，绝情欲，弃凝滞，使庶几之志，揭然有所存，恻然有所感。"

更有意思的是，诸葛亮讲高远，也说要"绝情欲"，听起来跟淡泊更近。也算是另外一种一以贯之了。

（5）"虚"——"淡"和"高"背后的超越性

其实，细分析，虚可能才是诸位先贤所要表达的真意。

过于求淡，"绝情欲"，某种程度上可以说是立了个"死"志，有点偏离了人性。并且，立志其实也可以不淡，可以激情澎湃。英国哲学家罗素在总结自己时，讲到自己毕生为三种激情（passion）所支配[1]，终能有所成就，实有赖于此。罗素所谓的激情，与"志"有似也有不似，当然有西方文化的特色；但

1　伯特兰·罗素. 罗素自传（第二卷）[M]. 北京：商务印书馆，2003.

人同此心、心同此理，可以为鉴。

过于求高，其实也未免有点"拥挤"，高处不胜寒。人人可以圣且贤，但不必人人皆是圣贤，志须要淡，但是真的可以不高。清魏源有感于腐儒们淡泊高远背后的空洞之弊，厌恶"心性迂谈"和"玄虚之理"，提倡"亲历诸身"和"验诸实事"，主张："技可进乎道，艺可通乎神；中人可易为上智，凡夫亦可祁天永年；造化自我立焉"。平凡人也可以做伟大的事，这才是完整的世界，全部的人类。

从虚处立志，可以兼顾淡泊、高远；将志立在虚处，还可避免淡到绝欲、高到玄虚的毛病。

如何定位这个"虚"，则不妨借用马斯洛心理学需求层次理论来讨论。马斯洛心理学需求层次理论从人的需求出发立论，有天然的优势，能避开理学家们将理欲两分解读为理欲对立的陷阱[1]。

需求层次理论将人的需求分为五个递增的层次：第一层生理需要（physiological need），差不多就是所谓"欲"；从第二层安全需要（safety need）开始，离欲就越来越远，而需求也越来越"虚"；第三层归属和爱的需要（belongingness and love need）可以对比解读一下：性需求属于第一层，追求爱情属于

---

1 马斯洛心理学由美国著名社会心理学家亚伯拉罕·马斯洛提出。

115

第三层，子路所谓"愿车马，衣轻裘，与朋友共，蔽之而无憾"差不多可以放在这里；第四层尊重需要（esteem need）开始已经涉及自我价值的认同，颜回的"愿无伐善，无施劳"属于这一档，而从朋辈相互尊重的角度，子路的答案也够得到这个层面；第五层自我实现的需要（self -actualization need），则涉及自我价值的完善，略等于孔子的"老者安之，朋友信之，少者怀之"。马斯洛心理学需求层次理论的五个层次互相多少会有重叠，并且五个层次本身也有缺漏。后来，他自己又补充了认知需求（cognitive needs），差不多就是孔子十五岁"有志于学"时的动机；审美需求（aesthetic needs）和超越需要（transcendence needs），"吾与点也"，就在这个位置。

不过，理论就是学者建立的模型，是真实世界的映射，偏差和扭曲难免。此处只是借来说明立志的虚实之辨。对照马斯洛心理学需求层次理论的五层次，从第一层到第五层，差不多可以认为是从欲到理的发展，也是由实到虚的过程。第一层和第二层相对较实，太靠近欲望；把志向定位在这两个层次，就难免太实。第三层开始与欲望拉开距离，但还有纠缠，就像人们经常分不清爱情和性。第四层以上就逐渐纯粹，进入价值观层面，与欲望开始清楚分离。第五层及至另外三层，则从实现价值走向超越价值。立志的"虚"和实，大概可以由此分辨。从第三个层次开始，人的需求离开欲望，逐层向上递进，从人的实现走向人的超越。

（6）从具体到抽象

这样解读也许有点烦琐。在实践层面，还有另一种分辨虚实的办法，更直观，一目了然。

人在受教育和长大过程中，想必会被问过"长大要做什么"这样一个经典问题，写过"我的理想"这篇作文。不同时代，答案也各有不同。

"长大要当解放军""长大要当科学家""当导演""当老板""当模特"……这些颇具代表性的答案里有时间的痕迹。当然，肯定也会有些不一样的回答："当医生"，很可能家里有久病的亲人；"当厨师"，也许是个特别爱吃的小朋友……凡此种种，无论当什么，其实都偏"实"，太不"虚"了。这些所谓理想，其实更靠近欲望。

当然，这样经典的灵魂之问，一般会发生在幼儿园和小学期间，属于启蒙阶段。对浪漫期的孩子而言，能认识到自己的欲望，就是成长，所以，从比较切实的地方开始建立"理想"，不失为很好的训练。这与立志要在虚处并不矛盾。

到了中学阶段，再出"我的理想"这样的题目，少年们就不会再照搬小时候那套了。踏实的，会说"要做一个有用的人"；情商高的，会说"要和大家永远在一起"；有人会用"世界那么大，我想去看看"展示情怀；也一定会有人用"我要用一生做一杯好茶"显示匠心……免不了有些拾人牙慧的套路，但总得先学点套路，才有机会走出自己的路来，别停留在套路里沾沾自喜就是了。

但无论如何，跟小学生们的"理想"比，少年们的回答一定会逐渐变得抽象，不再具体到某个职业和身份。就算是要做茶，茶很"实"，但"好"很"虚"，明显他的答案，重点在那个"好"字上。没必要人人都如王阳明般立志成圣，但将自己的人生目标推进到生活之上，又何尝不是一种超越性。立志尚虚，这是一件人人都可以有，而且也应该有的事。

从具体到抽象，从实到虚，境界上去了，少年们也开始长大。

3.2.3 此处应该留白

立志要虚，才能成其淡泊并无虑其高低。然而，有一个分寸可能更难掌握，即要从教育的"惯性"里解脱出来，心灵里有留白的空间，从虚处立志，才有落脚点。

教育要留白，听起来好有道理。不过，从方法论这个角度而言，不讲道理可能比讲道理更重要。这也是许多克服应试教育弊端的尝试最终不那么成功的原因。不是没想办法，很大可能是办法太多了，学生们忙不过来。一段时间以来，基础教育领域提出过各色各样革新的"教学模式"，诸如"素质教育""对话式教育""研究性课程""主体性重建""人文性关怀""去中心化体验""走班制教学""立志教育"……每一种模式都很有针对性地面对应试教育造成的某个问题，试图补上某个短板。问题是真问题，方法是好方法，效果却差强人意。

这里存在一个误区。

应试教育是制度性的选择。之所以饱受批评却难以放弃，不是从事教育者的认识不到位，也不是受制于文化基因的局限。应试教育之所以被选择，是它合适。真正的问题其实并不全源自应试教育，而是体系架构本身造成的思维惯性的局限。体系像一架机器，本身是人设定的，也由人驱动。然而，当这个体系有一定的成熟度，运转到一定的时间，积累了一定的润滑度，体系在某种程度上会产生一定的"自主性"，反过来驱动它的驱动者。这差不多就是所谓制度的"异化"。这又是一个大问题，不适合在此处讨论和解决。这里只需认识到问题的存在即可。可以通过一个简单的比喻来理解：链球运动员投掷之初的旋转，是靠自身的体力驱动的，当若干圈之后，链球达到一定的速度，它所积累的惯性，就会开始带着运动员的身体旋转。你要把链球掷得足够远，除了努力转得快，还需要在最合适的时间点——放手。

上面解决应试教育各种弊端的办法，所提倡的种种革新，其实是制度化思维的结果。尽管初衷是好的，办法也有针对性，但身在其中，可能不由自主，想的办法往往不是停下来，而是转得更快。就像素质欠缺，也许还真不是欠缺"素质教育"；主体缺位，也不一定需要你来"主体性重建"……你所设想的所有办法，虽然出自你的大脑，但完全有可能是被制度惯性驱动的结果。此时此刻，就像那个链球运动员，你唯一要做的，可能就是放手。

教育需要留白[1]。

勤奋是美德，中国人还特别具有这个美德，有人说，勤奋像是刻在中国人的基因里。大多数时候，多做总是好的，但有时却相反。"素质教育"是这样，"立志教育"更是如此。就如讲"立志要虚"一样，教育也有虚实两面。关于立志教育这件事，可以研究，可以讨论，可以写文章……但绝对不可以上课。从这个意义上讲，立志要在虚处，立志教育也要用力在虚处。开一堂专门的"立志课"，就算是以讲故事的方式请人来现身说法，估计也只会适得其反。上课这件事，也许是教师们最大的"迷思"。很多教师从骨子里相信，没有什么问题不是一堂课不能解决的，如果有，那就再来一堂课。

---

1 "教育要留白"作为一种教学策略，反映了心理学上"蔡格尼克效应"（Zeigarnik Effect），即人天生对没有完成的事情存在着使之完成的情结。这种对于"留白"的"完成情结"，驱动着学生内在学习的动机、激发创造性的思维、培养独立的人格。

温州中学·校史岛春草池

温州中学校史岛，创造立足现在、回望过去、拥抱未来的场所，唤醒温州中学少年的少年精神。

温州中学·美育小岛

有时我们看到了问题，但反而忘记了目标。

我们看到分数指挥棒下的学生身体素质下降、艺术修养不足。然后就绞尽脑汁，从密密麻麻的课程中挤出时间，再排出两堂课，一堂补身体，一堂补艺能。我们不怀疑这两堂课的内容一定很有"营养"，但多数情况下，学生们已经"虚不受补"。

其实，我们的教育者们应该意识到，素质教育最需要的不是课业内容，而是"放空时间"，素质才有生长之地；立志教育最需要的是"放空大脑"，志向才有机会伸展；少年们最需要的不是塞得满满的课程，而是"放空身体"，大汗淋漓时的微笑，才是少年应有的模样。

教育有虚实两面。实的这一面可以在课堂上解决，即知识的输入；虚的这一面则应该放到课堂之外。"虚室生白"，什么时候开始停止知识的输入，放空的大脑才有机会容纳那些更轻、更远，但可能更重要的东西，比如想象力，比如直觉，比如少年之志，当然，还有千呼万唤的少年精神。

3.2.4　做点"无用"的事

留白，是为了学着去做点"无用"的事。

要做一个有用的人，这是我们的教育从小向孩子们灌输的目标，更精准的说法是，要做一个对社会有用的人。此处不讨论此目标是否正确，也不探讨其作用及影响，但应该问一下，如果这是唯一的目标，那何来放空的时间、放空的大脑和放空的身体？要想把少年们的时间、大脑和身体放空，更有效的做法是，要让少年们有机会做一点"无用"的事。

关于无用之用，庄子早就知道了。"山木自寇也，膏火自煎也。桂可食，故伐之；漆可用，故割之。人皆知有用之用，而莫知无用之用也。"如果说此前大家可能还没意识到，庄子讲过之后，就不那么稀奇了。跟着庄子讲无用之用的人很多，如梁文道：

"读一些无用的书，做一些无用的事，花一些无用的时间，都是为了在一切已知之外，保留一个超越自己的机会，人生中一些很了不起的变化，就是来自这种时刻。"[1]

梁文道讲得很好，某种程度上比庄子更进一步。他着重的还不仅是以无用求生的处世之道，而是在闲处落笔以求变化的超越智慧。前人讲"有心栽花花不开，无心插柳柳成荫"，或者说"踏破铁鞋无觅处，得来全不费工夫"，差不多都是一个意思。不过，无论是庄子、周希陶还是梁文道，都未免还是有点看不起"无用"，总要说明无用不是真无用，而是真有用，中国人深入骨髓的"实用"精神可见一斑。

---

1 引自梁文道的《悦己》。

温州中学·在亲水平台眺望校史岛

　　不求有用的无用，才是真正的放空。懂得这一点的，莫过于小孩子。小孩子不知道有用，只知道有趣，最明显的表达，要属童谣了：

　　"从前有个老伯伯，年纪活到八十八。早上八点钟，乘上八路车，跑到八仙桥，买碗八宝饭，一共用到八块八角八分八厘八毫八。"

　　这个除了朗朗上口以外，可以说是毫无意义，没有教训，也不陶冶情操，但孩子们喜欢，其实我们也应该学着去喜欢，去体会这里面那一种阳光的、活泼的、接近生命本真的欢喜。让人想起《汉乐府·江南》："江南可采莲，莲叶何田田。鱼戏莲叶间。鱼戏莲叶东，鱼戏莲叶西，鱼戏莲叶南，鱼戏莲叶北"，明媚如画，有相似的韵致，但更美。

学着做点"无用"的事，让少年们有机会享受无脑的快乐，给大脑休息的机会，给心以超越的空间。这个超越，无目的，无边界。人生是有责任的，或者对他人，或者对自己。"人生实难，大道多歧"，这是天地间最大的罗网，活着就无所可逃，唯有死亡才能卸去这份责任。人不能躲避这份责任，但也不该仅仅被这份责任束缚。做点"无用"的事，是在完成人生的另外一面——就是诗和远方的那一面。只活过单面的人生是不完整的。说到底，其实一切艺术都是"无用"的，但谁能说艺术对人生不重要呢？

学着做点"无用"的事，其实还有一个更重要的不是用处的"用处"：我们应该学会以"无用"的心来做"有用"的事，或者说，以"无用"的心来做一切事。这其实就是此前反复讲到的超越性。少年们要学会做点"无用"的事，才可能更好地学会做一个有用的人。"不为无益之事，何以遣此有涯之生。"此不独少年为然，无用之事，就某种意义而言，值得做一辈子。中年，做无用之事是休息逃离；老年，做无用之事是淡忘生死……在人生的终点，其实没什么有用无用，做什么都有用，也都无用，做什么都好。

而此时此刻正当少年，做有用之事是学习奋进，做"无用"

之事是快乐肆意。少年志向要虚立而高蹈，少年精神要清澈而焕发，可能还有赖于"无用"之事更多些。

3.2.5　回归少年精神

少年在坚硬的校园中迷失，一代又一代。

曾经，他们中的一些以"精致利己"的方式，套上更加坚硬的外壳保护自己；如今，他们中的一些又用躺平的方式抵御失落感[1]；未来，少年们又会做何选择？

每个时代都有各自的沉重，也有各自的飞扬，而少年，永远应当且就是时代最蓬勃的那一面。但如果精致利己都已要站上时代的高处，躺平之后，岂非只剩下灰烬。显然，这是不可能发生的。起起伏伏就是波峰、波谷、波峰间的交替。起伏中隐藏着巨大的风险。

所以要给他们空间，要给他们留白，要把本来就属于他们的时间还给他们，要让他们有机会放空自己，要让他们学着做点"无用"的事，要让他们在真实的阳光风雨里哭和笑，从虚拟现实里回来看看……要把校园还给他们，要把志向还给他们，要把精神还给他们，一句话，要把他们还给他们。

1　叶娟丽.躺平：概念流变及其他[J].广州大学学报（社会科学版），2021,21（4）：64-72，104.

温州中学·校史岛蓝色长河

温州中学校史岛蓝色长河，将温州中学价值观融入景观环境，为温州中学少年创作多维度的课外生活空间。

在课堂上迷失的，不要让他们去田野里找回。

就在这里，就在校园里。这肯定是可以的，因为校舍在这里，曾经栽下的树长在这里，曾经唱过的歌响在这里，老师们在这里，同学们在这里，过去一代又一代的前辈师友们曾经在这里，未来还会有更多的后辈们将要来这里。这里有背影，有肩膀，也有仰起的脸。"面包会有的，一切都会有的。"[1]

所谓少年精神，就是非功利的精神，就是进取的精神，就是未来的精神。少年精神因此有远超越于其本身的意义。其实并不需要去找，少年们在哪里，少年精神就会在哪里，只是可能蒙上了灰尘，或者可能沉睡在转角，或者只是出走散心。去唤醒它，少年精神就一定会焕然归来。在这件事上，唯一需要做的，也是唯一可以做的，就是把少年还给少年，然后同他们一道，重建校园。

3.3 校园的重建

3.3.1 重新定义校园

重建校园，用少年精神重新定义校园，以文化校园的营造，让教育从应试的贫乏和空虚中走出来，这并非仅一园一校之事，涉及人的重建，有深刻的社会意义。

文化校园营造的根本目的，就是要让校园重新成为少年立志之所。为此，应该这样定义文化校园的内涵。

---

1 引自电影《列宁在 1918》中的经典台词："面包会有的，牛奶会有的，一切都会有的……"

首先，文化校园应该是一个慢校园，让少年们有机会静下心、抬起头看看过去，想想未来。中考、高考在即，时间紧迫，是不是可以试试，用校园的大路小径、花草树木、亭台楼阁、碑铭题刻……分散一下少年们的注意力，让他们偶尔停一停？这可能比想象得重要，不仅仅是抚慰，也可能是提醒。

其次，这应该是一个空校园，别用过多的知识和教训把它堆满。教育要留白，时间要留白，校园也一样要留白。这是文化校园营建中，特别需要留心之处。一说到建设文化校园，最容易也最偷懒的方式，就是贴标签。就像总想把西装 Logo 放在西装最显眼的位置，反而让人或许觉得是一种教养不够的表现；与此相似，仅堆满文化标签的校园，大抵也是如此。

然后，这还应该是个动校园，要用各种课余活动让校园热闹起来。在留出空白的校园里，用少年们的身影而不是别的什么来填满，这才是最年轻、最浪漫、最人性的选择。

最后，它还应该是一个轻校园，书包已经够重，分数已经够重，这里已经装不下更多别的沉重之物。所以，别把历史讲述得太重，用细语而不是喊叫来输出价值；别把成绩看得太重，至少在下课时先假装这样，装久了多少会有几分成真；别把得失成败看得太重，最重要的，别用名次来作衡量标准。再好的学校，第一名也只有一个，前十名也只有十个人，不能用标榜少数"训练有素"者，来伤害排名靠后的大多数。

少年志
中学文化校园营建路径

温州中学·步青广场

步青广场设计利用玻璃BOX、景观绿化等，为学生交往创造空间和可能性，同时适当留白以待学生的参与。

被应试教育[1]"全面统治"的校园色泽灰暗，排名靠前的少数学生可能是为数不多的"亮色"，大多数学生或多或少都被分数竞争失败的阴霾笼罩。这里可能走不出志气蓬勃的少年，不用跟他们讨论立志，更不用分辨志向的虚实，他们产生的志向可能就是逃离。

很难想象能允许这样的局面发生：用一批又一批从这里走出去的学生，把整个社会用分数失败的阴影填满。这是不允许的。所以，不要用名次来衡量成绩以外的任何东西，不要用成功与否来区别人——要建成这样的"轻校园"，形成这样的校园文化：可以把著名校友的照片挂到墙

1　应试教育：以片面追求升学率为主要取向的教育。以升学率的高低来检验学校的教育质量、教师的工作成绩以及学生的学业水平，导致学生片面发展。

上，但也为每个从这离开的少年留着位置；可以把卓有建树的校友请来分享经验，但也欢迎每个当年的调皮鬼回校看看……要紧的是，放松一些。

要清晰地意识到，少年精神首先是生成的，然后才是养成的，所以不可高估养成的作用。所谓的教育要留白、所谓的"轻校园"，都有这个意思在。文化校园营造，切忌用力过猛。声嘶力竭那是莽夫，举重若轻才是文化。

要让校园成为立志之所，即意味着要让校园重新成为精神养成之所。为此，同样有很多事要做，下列三点可能相对更要留心。

第一，重建校园的场所精神，在时间和空间双重坐标上标定位置。少年精神不会凭空而生，它需要启迪和滋养。在这一点上，土地和历史值得信赖，世界和未来同样不可缺位。场所精神始终徘徊在校园里，文化校园的营建目的，是要设法让它显身，给它和少年精神建立起对话的机会。

第二，把美和温暖重新带回校园，暂时忘掉效率。所谓的慢校园、空校园、动校园和轻校园，归根到底是美的校园。美关乎价值，不直接与价格相关。美可以简朴，也可以丰厚，所以筚路蓝缕、开创之初的校园，与条件成熟、锦上添花的校园，同样可以美。当然，更重要的是对美的关注，和支撑这种关注的教养。此非朝夕之功，但只要开始，就不晚。

第三，在一定的程度上，让老师暂时离开。要把空白留给少年，要把校园还给少年，这无疑是最有效的和最直接的选择。真正做到这一点，要获得老师们的理解——老师们永远是校园另外一个主角，只是需要他们暂时隐身，他们其实是无所不在的。

同样也要看到，少年精神是可能被丢失的，所以也不能低估养成的作用。人的成长，除了内生的动力，外部因素则主要有两样：一曰友，二曰境。在学校里，友，就是陪他长大的师友；境，就是校园。如果说良师益友是内容，文化校园就是形式。孟母三迁，是择邻，也是择境。文化校园，就是形式和内容的完美统一。

是故"慎交友，文筑园"。文者，"纹"也。文化校园的营造，某种程度上，就是在功能性的物质空间里，"纹"上代表精神意志的符号。作为立志之所的文化校园，其实就是鲁迅刻在三味书屋课桌上的那个"早"字。文化校园的营造，也可以说是在创造机会，把校园重新还给少年，然后看看，他们会在有形和无形的课桌上，刻上什么。

3.3.2 站在课堂之外

要把文化校园营建的注意力，更多地留在课外。

严格讲，校园是个整体，不必强调课内和课外之分。当分数还是主角，短时间内还看不到改变的可能，那么，暂时性地将课堂留给分数，将文化放到课外，也许是好的策略。

文化校园的所谓文化，其核心不是知识而是价值观。把填鸭式的教学惯性留在课堂内，让老师们和同学们一起走到课堂之外，走到阳光下、风雨里，走到时光中、四季里，走到师友间、现实里——在网络时代，这可能很关键。

站在课堂之外，更多地去看到世界。世界很大，有数不清的知识点；但请别把它当做知识，不要去记，不要去掌握，不要去分门别类地整理，这里没有考试、不公布分数、没有排名，甚至，这里不需要启发、不问收获，你只需要去看见。

站在课堂之外，更多地接触柔软的那些。这是改变校园冰冷和坚硬的尝试，暂时告别效率，告别目的，告别理性——这可能有歧义，理性任何时刻都需要在场，就如同感性也不可或缺一样，可能"合理性"这个词更准确。让那些"不重要的""没有用的""浪费时间的"观察、活动、爱好、游戏……出来走一走，我们已经讨论过"无用之用"了，给它们一点机会。

站在课堂之外，更多地去看到人。这包括：试试去重新看见老师们，此刻他们不再是导师，不是评判者，甚至也不要向他们提问题，只是看见他们；可能会看见他们的疲惫、无奈和焦虑。试试去重新看见同学们，此刻他们不再是竞争对手、学习对象，或无关的陌生人；他们将是伙伴、对话者；记住，只有通过他们，你才能真正成为文化校园的一部分。最后，重新去看见自己，不是要你沉浸于自我之中，而是在他人的观照下，重新审视自己，"以人为镜，可以明得失"，这里的得失不重要，看见自己更重要。

不要把站在课堂之外的行动定义为教学活动，也不要把文化校园定义为第二课堂。看到世界、看到柔软、看到人，其实都有一个共同的目的，就是让少年们在课堂外，看见另外一种可能性。借由非功利的实践过程，在少年们的心里种上一颗超越性的种子，给机会，让这颗种子在不经意间、在未曾预设的地方萌芽。

尽管此前的讨论曾指出，将精致利己的狭隘简单归咎于缺乏公共生活训练，在某种程度上是误解。但一方面，应试教育指挥棒下的校园公共生活缺乏活力本身是事实；另一方面，在价值判断被功利目标普遍压制的当代社会，交往理性被认为有机会成为解决问题的钥匙，而公共领域是最好的实践场所。可以在这个意义上，将文化校园营造直接定义为校园公共领域的营造。

"公共领域并不是一个固定不变、触手可及的实体，而是一个由人们的言行互动所构成的活生生的公共交往场域。它不存在于广场、舞台、议事厅或街头，而是体现在人们聚集的场合。"[1]

在这个领域中，最重要的一件事就是交往。因此，也可以把文化校园理解为一系列以发动和促进交往为目标的校园文化活动的载体。或者也可以更进一步地理解：校园文化活动以及承载这些活动的空间，共同构成完整的文化校园。

文化校园的营造因此有三个要点。

盛开的蜡梅

梅花的绽放悄无声息，但蜜蜂们片刻间便已知晓。

1　刘铁芳，刘艳侠.精致的利己主义症候及其超越：当代教育向着公共生活的复归[J].高等教育研究，2012，33（12）：1-7.

首先就是参与性，这不言而喻。没有少年们的参与，文化校园就只能作为静止的"展示窗口"存在。没有活动举办，没有交往发生，游离于校园日常生活之外，文化校园无法成为真正有活力的公共领域，而只能变成苍白无力的标签，文化校园也就变成了"文化孤岛"，其营造就失去了现实意义。

其次是"重价值、轻技巧"的倾向。在文化校园这个体系下组织进行的各种各样的活动，必然会涉及一定的技巧性。比如演奏音乐，比如绘制图画，比如观察星空，甚至种植花卉，等。"重内容、轻技巧"，就是要避免把文化校园活动再一次变成技能训练。这与之前着力避免把文化校园定义为"第二课堂"的目标是一致的。当然，轻技巧只是就关注重点而言的。"技近乎道"，落实到任何一项具体的活动本身，对技巧和专业性的追求，反而会有利于推进认知上的提高，这与反对"技能训练"并不矛盾。"游于艺"而"志于道"，这就是"重价值、轻技巧"的本心。

还有获得感。这是使某件事受欢迎的"万灵"小窍门。在参与过程中，由事件本身提供获得感，是最理想的情况。比如一个展览，通过参观，在知识上有所收益，这是第一个层次的获得；如果因为展品本身或展出方式的关系，在感官体验上得到享受，这就有了第二个层次的获得；如果参与了策展或者布展，或者以讲解员等身份参与其中，在提供服务以及与参观者的交流中体会到满足，这应该算第三个层次的获得；那么，如果本身成为展陈对象，在参观者审视或赞叹的目光中有所体验，这是第四个层次，也应该是最高层次的获得了。在此四个层次的递进中，参与性与获得感成正比。这就回到了第一个要点：参与性。

然而，事件本身提供的获得感是孤立的。文化校园由事件构成，但不是简单集成。文化校园营造遵循一条主线，叫它场所精神也好，少年精神也罢，背后都指向价值观的构建。这是一条隐性的线索，是决定性的，纲举目张。然而，从操作的层面看，文化校园营造还需要一条显性的线索，把孤立的事件串联成为一个整体，最后形成具有某种一致性的场域。对温州中学本次文化校园建设而言，一百二十周年校庆就是这条显性的线索，把与温州中学相关的种种串联起来。这条线索很好用，足以串起昨天、今天和明天，串起校内、校外甚至海外。这也是为什么各个学校的文化校园营造往往会在校庆这个节点进行的原因，如果不能抓住这个节点有所作为，应该是学校的失责。然而，校庆毕竟是单个时间节点，缺少文化校园建设所需要的"绵延性"，这个绵延性可以说是教育的需要。应试教育毛病很多，但从绵延性来讲，它的设定还是符合教育规律的。

因此，有必要为文化校园营造寻找一条具有绵延性的显性线索。在找到更好的方法之前，有一个策略可能会有效。也许可以建立一套评价体系和制度来推进文化校园的建设。对，这其实就是另一种"分数"指挥棒。这是教育体系中司空见惯、万试万灵的办法。这也许不是最好的办法，但可能是最现实的。

首先，这一套评价体系能够提供事件本身以外的"获得感"，并由体系架构保证对事件的串联，从而在系统上，最终完成文化校园的建构。这个建构确保文化校园成为学校教育体系的一部分，而不是孤悬在外的点缀。

其次，这一套评价体系能够在应试教育的"分数"之外，架设起另外一套评价标准，引导少年们暂时把目光从分数上移开。并且，每个人的能力不同，不同评价体系所鼓励到的对象会有区别，这或许是一剂良药。从这点看，如果能成功地建立并且运转这个体系，对教育的意义之重大，远远要超过文化校园营造本身。这另一种评价标准，能给某些在分数上不擅长的学生以被肯定的机会；即使鼓励最终还是落到了那些"好学生"身上，也会给分数上不擅长的学生开启另外一扇窗户，这做法也许还不是此前一直在推荐的"超越性"，至少提供了某种可能性。

然后，这一套评价体系能够在孤立的事件之外，为文化校园营造提供教育所必需的绵延性。如果说知识的输入，还有可能片段式地发生，价值观的建立，绵延性是其不可或缺的保证。

考虑到应试教育给学生们制造的各种沉重，对建立另外一套评价体系这件事要慎之又慎。不过正如文化校园是一个"轻校园"，这套评价体系应该也是一个"轻标准"。文化校园的核心价值既然要强调超越性，强调"无用之用"，又怎么可能，也怎么可以再建立起另外一套沉重的"枷锁"，去禁锢我们的少年呢？也许他们在获得"轻标准"肯定的"轻成绩"之后轻轻放下，又去追逐那些更有用的沉重的"分数"了，但这又有什么关系呢？文化校园营造的目的，就是在少年们心里埋下一颗注定会发芽、能茁壮成长的种子。

站在课堂之外，就是站在应试教育的沉重之外。轻一些，再轻一些，让我们的少年有机会飞起来。不必担心"轻"会不会有用，文化校园的着眼点在于未来，文化校园一定会拥有的丰厚收获，也在未来。

3.3.3　此处不言而教

讲到这里，文化校园营造的架构已经基本搭建完整，最后再补充一点：文化校园的个性是静默的，从教育这个点来说，此处不言而教。

个性首先来源于其载体。综上所述，文化校园的载体大略可以分为两种。

一种是固定载体，即校园物质空间以及符号。这又分为两类。一类是非符号化的空间要素，包括但不仅限于大小、形状、材料等，这些要素本身不具备特定的文化内涵，通过对这些要素具体的选择和搭配，文化意义被传达，也可以说，具有文化传播意义的是特定的选择行为。另一类是符号化的空间要素，包括但也不仅限于特定的形状、纹样、色彩，这是被约定的，可能源于某个历史事件、某个历史人物或者干脆就是通过某种程序被肯定的。这种有形的载体也可能是语言，但大多数情况下，都不是语言，所以是静默的。

另一种是流动载体，即前文一再强调的组织活动。活动本身是可见的、物质的、具体的，但活动的内核不是参与的人与物，而是这些人与物在活动中的行为。行为随活动的开始而开始，结束而结束，因而是流动的。说这些流动的载体静默，也就语言而言，不是绝对的静默。一首歌，比如说一首校歌也可以是重要的文化载体，可以声音很大，但就传达方式而言，它诉诸的不只是言语（歌词是，但曲调不是），所以仍然是静默的。

讲静默，其实更多的是在强调文化校园的传达方式。它们传递意义的方式是不借助语言的直接呈现。所以，是非灌输式的，是体验式的。这也是为什么一再强调文化校园的建设要去标签的原因。

从另外一个侧面理解，文化校园的接受方式是领悟。领悟与理解之间有微妙的差别，这里不展开论述。领悟不仅仅需要诉诸理性，也要诉诸感性，可以说是感性与理性的统一。分数指挥棒下的教育，诉诸理性的成分太多了，文化校园因此格外珍贵。

静默教育其实是个大话题，非常值得讨论。对文化校园营造而言，静默符合其载体、传达方式和接收方式，因而尽管不是唯一的，但的确是最合适的。总结起来可以概括如下：

文化校园的营建，应当做到去标签，由虚入，应情生，做无用之事，行不言之教[1]。

---

1 "行不言之教"引自老子的《道德经》。

4

赋义：

场所精神的成人礼

枫香

枫香叶

4.1 与少年相契的精神

4.1.1 团队精神

据传释迦牟尼曾问弟子，一滴水怎样才能不干涸？众弟子
面面相觑，不知该如何作答。释迦牟尼开示道：把它放到大海
里。是的，一滴水只有在大海中，才能保持自身的完整性且不
干涸。同样，对于少年们来说，只有在团队里，只有被置身于
人与人之间的关系之中，才能成长为一个完整的人。这也正是
马克思所说："只有在集体中，个人才能获得全面发展其才能的
手段，也就是说，只有在集体中才有可能有个人自由"，这种
个人自由是"建立在个人全面发展这一基础上的自由个性"[1]。少
年正处于人生中全面发展、形成健全人格的关键时期，团队精
神的培养因此就显得格外重要。少年们所拥有的努力生长的力
量，不断寻找自我无限"可能性"的探索，只有在团队精神的
灌溉下，才可能开出虽然不确定但充满生机和力量的花朵，并
在之后的人生中，能以良好的态度和正确的方式面对自己、面
对他人，并处理好与这个世界的关系。

团队精神的建立，首先需要有伙伴，即具有共同利益和目
标、求同存异、积极合作的群体，需要在这样的人际关系垦殖
团队精神的土壤。而这样的伙伴关系正是课堂活动所缺乏的：

---

1 马克思恩格斯全集（第 46 卷上）[M].北京：人民出版社，1979：104.

在课堂上，每个人都需要单独面对老师、课业、成绩，人与人之间是竞争、互异的关系。毕竟分数只独属于一个人。想要成为第一名，就必须打败其他所有人。团队精神在应试教育的语境下没有任何意义：这是一个人的战斗。当人们在回顾各自的成长经历时不难发现，伙伴绝大多数来自课外活动，比如踢球的伙伴、辩论的伙伴，抑或是涂鸦的伙伴。只有在课外活动中，团队才是存在的，合作才是必需的，伙伴才是可以有的。

文化校园的营建，就是在为各种课外活动创造空间，为团队的出现营造机会，为少年们找寻伙伴提供可能。

前面已经讨论过，应试教育指挥棒下的校园公共生活缺乏活力，而这也意味着校园中缺少交往的空间。少年们失去了非常重要的机会，去学习倾听他人、尊重他人、与他人合作。团队精神的缺失，对精致利己主义者的大批出现负有很大的责任。正如知名作家卡扎巴赫所强调

温州中学·毓秀园

温州中学毓秀园，在蜿蜒小径和空间收放间，创造丰富的交往空间，为团队精神的
孕育提供空间和可能。

的："团队精神代表了一系列鼓励倾听、积极回应他人观点、对他人提供支持并尊重他人兴趣和成就的价值观念。"文化校园营建，在这个意义上说，就是校园公共生活的营建，让少年们在一次次公共活动中体验合作的愉快、团队精神的重要，切身感受到他可以被倾听、被支持、被尊重，而不是一粒会被随时蒸发的"水滴"。当少年们逐步形成健全的社会性人格的同时，他们实现了自身对归属和爱的需要（belongingness and love need）——这在马斯洛心理学需求层次理论中，属于第三个层次：团队和归属感。这让少年们在面对成长的烦恼时，有抒发的途径和倾诉的对象，能更好地面对困惑和挫折。"你不是一个人在战斗"的认知，提供了必要的巨大能量，让少年们面对未知的世界时，拥有披荆斩棘的勇气和一往无前的力量。

在当今全球化、多元化的背景下，无论个人还是国家，单打独斗都是绝对行不通的，团队精神日益重要。

少年是族群的未来。一个企业尚且不能把未来交给不懂得团队合作的人，一国一族更是如此。文化校园营建，因此而有深刻的意义。

4.1.2　游戏精神

周国平曾描述过这样一个场景：黄昏时刻，一对夫妇带着他们的孩子在小河边玩，兴致勃勃地替孩子捕捞河里的蝌蚪。

但这种叙述，在周国平看来，恰恰掩盖了事情的真相。"真相"是：黄昏时刻，一个孩子带着他的父母在小河边玩，教他们兴致勃勃地捕捞河里的蝌蚪。像抓蝌蚪这类"无用"的事情，如果不是孩子带领，成人多半是不会去做的。成人久已生活在一个功利的世界里，只做"有用"的事情，而"有用"的事情是永远做不完的，哪有工夫和兴致去玩，去做"无用"的事情呢？直到有了孩子，在孩子的带领下，成人才重新回到那个被遗忘的非功利的世界，心甘情愿地去做"无用"的事情。所以不是成人带着孩子去玩、去游戏，相反是孩子带着成人去游戏，去跟踪草叶上的甲虫和泥地上的蚂蚁，是孩子带领成人，从游戏中帮助他们更新对世界的感受[1]。

　　游戏的精神可以理解为非功利的精神。按康德和胡伊青加的说法，游戏是因"自为"和"无待"而获得自由的活动。"自为"指目的的内在性，"无待"指手段的内在性。自为性表明游戏是没有外在强制的目的而仅出于自愿的活动，无特性表明游戏是没有外在手段的限制而仅靠自身的活动。所以，自由是游戏的基本特性，游戏是出于自身"喜好"进行的"多余"的活动，而非出于自身"需要"进行的"必须"的活动[2]。

1　周国平.妞妞：一个父亲的札记[M].上海：上海人民出版社，1996：23.

2　董虫草.自由论的游戏理论：从自为论与和谐论到自足论[J].学术研究，2006（11）：21-26.

但是课堂是功利性的，以获取知识并取得高分为目的，这让少年在很大程度上失去了学习的乐趣。这就需要我们的文化校园为少年们提供一个非功利的空间，释放他们自由的天性，重拾学习的乐趣。在这里，让少年们暂时摆脱应试教育下单一的教育目标，学习不是为了"有用"，而是因为"有趣"。"学而时习之，不亦说乎"，这才应该是学习的真相。

在另外一个侧面，对于在中学校园度过六年整个少年时期的中学生来说，生活的乐趣同样重要。文化校园营建的另外一个任务就是，给少年们提供更丰富多彩的生活体验。体验不同于经验，经验是知识的积累，指向客观世界；体验是价值的叩问，指向精神世界。经验可以在课堂上传授，而体验必须依托文化校园这个场所的营造和活动来载入，让少年们有机会"出于自己的喜好进行多余的活动"，让有趣战胜有用，从而获取对自我、对他人、对世界更加全面的认知和理解。

不同于应试教育体制下不可避免地制造一批又一批自卑者的情况，文化校园营建为少年们提供了这样一种全新的认知：不鼓励失败，但允许失败；激励成功，却不会立刻成功。正如在游戏中虽然有"Game Over"，但你永远可以"Try Again"，这才是游戏精神。文化校园营建让少年们不惧怕失败，勇于尝试与挑战，因为这里没有谁是失败者，每个少年都是走在大路上的屠龙英雄。

温州中学·校史岛活动角

温州中学校史岛活动角，将游戏与校园文化展示相结合，为"有趣"的学习、"多彩"的生活营造场所。

游戏的精神就是自由的精神。文化校园营建，应该成为通往自由的道路。

4.1.3 勇敢精神

"君子道者三，我无能焉：仁者不忧，知者不惑，勇者不惧"，勇被列为君子三大德之一。古希腊也认为节制、勇敢、智慧和正义同属于"四大德"。"初生牛犊不怕虎"，在古往今来对少年形象的认知中，勇敢也是标配。相关内容也可以参见前文。

勇敢毋庸置疑是非常重要的品质，关乎下述几个侧面。

勇敢关乎责任。"率义之谓勇"[1]，孔子说，"见义不为，无勇也"。勇敢不是鲁莽，也不是轻身，勇敢有其终极的价值指归"义"。所谓义，就是责任，就是一种合乎正义的行为方向，也就是那些精致利己少年和躺平少年缺少的东西。少年精神，需要有家庭、社会、国家乃至天下的未来责任感，需要有这样的担当，因而需要挺起可能被书包和分数压弯的脊梁。勇敢少年，是责任的需要。

勇敢关乎荣辱。"知耻近乎勇"[2]，有着耻心，能分对错，知荣辱，是勇敢的开始。然而，这个荣辱观，需要与更广泛的现实相连。考试的成绩，排名的高低，这样的"荣辱观"，少年们不是没有，而是太懂了。少年们更需要将一己之荣辱，从分数和排名上挪开，知道人生的对错远比试卷答案的对错重要。

勇敢关乎独立。正如蔡元培先生在《中学教养教科书》中所言："勇敢之最著者为独立"，所谓勇敢的精神，就是独立的精神。少年期是从儿童向成人过渡的时期。学会独立，是这个阶段的重要课题之一。独立，不仅仅包括独立学习、独立生活，也包括独立思考，更指向独立人格。在课堂上，也许少年

1　语出《左传·哀公十六年》。

2　语出《礼记·中庸》。

梅花

寒冬中独自绽放的梅花，是勇敢最好的体现。

们有机会训练独立学习，但独立生活、独立思考和独立人格，不可能在课堂上完成。应试教育体系的重大缺陷即在于此。文化校园营建应当承担起这个任务，给少年们提供空间、榜样和机会，去勇敢地追寻自己的方向、思考自己的人生、探索自己的可能。这样的少年，才可能在未来走到更远的地方。在《此间的少年》中，江南发问："没有人愿意被关在笼子里，问题是给你一片无边无际的天空，你是不是真的敢要？"

最后，勇敢还关乎超越。没有人能许给少年们一个确定的未来，无数的可能等待他们去创造。事实上，未知的世界才是最好的世界，未知的未来才是最好的未来，勇敢，就是开启未知的钥匙。

文化校园，应该成为勇敢精神培育的土壤。

4.1.4　少年精神

团队精神、游戏精神和勇敢精神，都是少年理应拥有、本来拥有但有可能暂时失去的精神。少年精神是满满的探索欲与求知欲，是对新鲜事物充沛的感知力，是与时代同行的开拓和合作精神，是勇于立志、发奋图强的奋斗精神。

前文已对少年精神有所描述，这里不再展开。需要强调的是：文化校园营建路径，就应当从定位少年精神开始。

4.2 与精神一致的目标

4.2.1 以人为目标

文化校园的营建，做的是一校一园的建设，而瞄准的是以人为目标的重建。此处所谓"以人为目标"，并非只是愿景和口号，更多的是选择和行动。意谓将文化校园的营建，融入校园的日常、学习、社交活动中，根据学生的心理、生理及行为特点，打造满足其需求并有利于他们全面发展的校园空间环境。

以人为目标的选择和行动，遵守人本、客观、绿色和节俭四大原则。

1. 人本：选择人的需要载体

文化校园营建要以人的活动为中心，根据人的需要来选择文化载体。切忌"只见物，不见人"。不少文化校园建设项目，生硬地采用喊口号、贴标签的方式，常见的俗套是满校园放石头刻标语、攀名家树雕像、移花接木赏烟霞……如此这般的文化"三件套"，的确是文化景观营建的不可或缺的手段，但一旦落入强拉硬扯、生搬硬套、为建而建的窠臼，这些花花绿绿的所谓"文化"就只能是摆设和点缀，在校园生活中也许能博得一时新鲜，很快就无可避免地沦为可有可无的装饰。即使有些题铭碑刻和雕像雕塑很切题，选择的人物主题也很精确，但如果不能真正融入校园生活中，仍只能是游离的标签，而谈不上文化和传承，不能在人们心中激起一丝涟漪。

因此，在载体的选择中，切题只是一个基本条件，更重要的标准在于，要试着问一问、想一想，它在校园生活中，究竟能扮演什么角色。这就涉及文化校园营建的一个非常核心的问题，即"体用"之辨[1]。详细的讨论另文详述，这里只说明，文化校园所营造的环境，其"无用之用"不等于"无用"，要者就在于其一砖一石、一草一木要先融于校园生活，才能走进校园人心。

细分起来，载体的选择要符合人的需要，首先就在于恰如其分地选择其所被安置的环境。比如一句校训，刻在校门口或放在校园中心某处，就恰如其分；师生们经过时心中默念，以为警醒。如果到处刻，不够庄重，而且重复太多，一来像念经，二来也会可能显得"文思匮乏"。又比如一座名人雕像，随意安置在校园之中，难免像也孤单，人也尴尬；如果能巧加构思，融入环境，师生们徜徉在校园中时，就能感到前辈在伴，有亲聆謦欬的温暖。前文提到温州中学的朱自清铜像就是佳例。

载体的选择要符合人的需要，还在于其形式是否得体。不

1　此体用之辨并非著名的"中体西用"所谓的"体用之辨"。此处"体"是"体会"，"用"是"功用"。

温州中学·匡国小道

温州中学匡国小道，以人为目标，将学生日常学习、生活融入校园文化场景建设。

要仅盯着题铭碑刻和雕像，有时，花园里的一亭、一廊，甚至一张凳子，更贴合当时当地的环境，也贴合人的活动。又比如，有些上墙的招贴或摆设，就适合跟照壁结合；传统宅院中的照壁，设置时是有讲究的，或放在行进路线需要停顿之处，或视线需要转换的地方，此时有"文化元素"择地载入并择时输出，就刚好。文化元素的输出，切忌硬邦邦糊在人脸上。

不得不补充说一句以免又误解，文化的被需要，不代表就"有用"。人们会需要"无用"的东西，不要讲到需要，就以为是功利。

2. 客观: 选择以客观世界、大千世界为内容

文化校园营建，有了载体，还需要选择合适的内容，确定合适的文化元素。此时，客观就显得很重要。

文化元素的寻找，很多时候是往回看的，从校史、从地方、从传统中去发掘，这并没错。然而，过于沉浸于传统和过去，就有可能忽略校园的主体——少年们。少年们的趣向，更多时候，会是面向未来、放眼世界的。这并不是说传统不重要，也不是说要去片面迎合少年们的喜好；而是说，在内容选择上，要适时从沉浸中警醒，遵从客观的立场。文化本身带有天然的主观属性，此种文化与彼种文化之别，是特定群体或特定个人的特定选择，不得不是主观的。无论做选择前有多少客观因素和客观条件起作用，但在选择的那一刹那，必定是个人起主要

作用。因此，文化可能有浅薄和深刻之分，也可能有简陋和丰厚之别，但不可能在纯粹的价值上分出高低。正由于文化的这个主观特质，在甄选文化元素时，就需要由客观立场来平衡。文化校园的内容，才能全面而富有活力。

这也许理解起来有一定的难度，但客观本身会是一个比较容易把握的标准。比如，当你要向人们介绍一个历史人物时，讲述他的生平和经历，要比背诵他的语录更有说服力，显然经历比语录更客观；再比如，当你要介绍一地的风物民俗时，去呈现它的物产和遗迹，要比展现村规民约更形象，显然风物比法条更客观；事实永远比观念更具体，文化校园营建的一个要点是，永远把陈述事实置于输出观念之上。

补充一点，这个客观还有另外一层含义。文化校园的营建尽管需要立足传统和地方，但着眼的只能是世界和未来。所以，向内看、向后看的视角也是不够客观的，得更多地向外看、向前看。

值得一提的是，面向世界，面向未来，不仅仅是教育的需要，也恰好完美契合温州人的特性。操着一口特殊口音的温州人，从来没把自己局限在大山背后的那个海角，他们走南闯北，在世界各地成立自己的温州商会。"地方是根，世界是未来"，非常符合温州人勇闯天涯、敢为人先的人设。所以，温州中学的文化校园营建，或者会因此需要更加与世界靠近一些。

温州中学·毓秀园

温州中学毓秀园利用镂空金属板将优秀的前辈剪影、经历嵌入学校景观环境。

3. 绿色：以可持续为准则，选择适宜技术

很多时候，人们在批判无限度地索取，讲求可持续发展时，会忘记绿色固然是以世界为信念的姿态，但也是以人类长久生存发展为目标的选择。绿色其实也是一种特殊的人本主义的价值观。在技术这个侧面，文化校园的选择，必须是绿色的、生态的、可持续的。

所以，文化校园营建，应当关注海绵城市、可再生能源、绿色屋顶、雨水回收利用等一系列技术解决方案。一个透水的广场，要比满铺花岗石的广场有文化；一片绿色屋顶，要比简

单的翘角飞檐有文化；一间自然采光、自然通风的教室，也要
比开着空调、开着灯的教室更符合文化校园的气质。从绿色主
题开始，对文化校园营建的讨论就从一般概念上的建造，进而
涉及运维和管理。低碳的、可持续的校园，才可能是真正的
"文化"校园；在提供一个适宜环境的同时，也在彰示一种理
念，传递一种文化。

这就要谈到文化输出的方式问题。标签和口号是一种输出
手段，但不是唯一手段。在评判一个人时，看他怎么做比听他
怎么说重要，"听其言而观其行"[1]。在文化校园营建中，则是听
其言而观其园。

绿色校园的人本立场还在于，把环境为人服务的理念中的
"人"，放大到全人类，甚至整个人类的生活环境。这可能比单
纯地节约资源、节能减碳更重要。作为教书育人的场所，以育
人为先是非常重要的校园文化；而育人，就是要让少年们知道
"推己及人"，而不是"知有己不知有人"[2]。这其实还比此前提到
的团队精神更进一步，也就是所谓"胸怀世界"所要表达的根
本意图。

---

1 语出《论语·公冶长第五》："始吾于人也，听其言而信其行；今吾于人也，
听其言而观其行。于予与改是。"
2 语出明·吴麟徵《家诫要言》："知有己不知有人，闻人过不闻己过，此祸本
也。故自私之念萌，则铲之；谗谀之徒至，则却之。"

因此，绿色校园和绿色技术只是一个代表。除此之外，从人本的立场出发，与之密切相关的有建筑改造技术、为少数弱势群体服务的无障碍技术，以及为联通信息和物质环境的智能化技术等，都应该成为文化校园营建技术中的首选项。

技术林林总总，但选择不离其宗，要者在于"可持续"。狭义的可持续，意指绿色生态的可持续；而这里应该更多地从广义的角度来理解可持续概念。如果说"客观"旨在从空间的广度上开拓文化校园的视野，那么"绿色"就是从时间的纵深上继续发展，是真正"面向未来"的文化校园。

4. 节俭：行动的选择——以不浪费为道德，以劳动为美德

节俭与绿色是相通的，绿色偏向于是一个技术概念，而节俭则更多在描述行为模式；或者也可以说，绿色是目标，而节俭是行动。

文化校园营建不是一朝一夕速成的大拆大建或涂脂抹粉，而是一个持续而动态的生长过程。普遍的认知是，只有当经济能力有了一定的基础，文化校园建设才会被重视，被提上议事日程。这符合事实，但不能因此就将文化校园营建当成是某种"奢侈品"，更不应该将大手大脚视为当然。况且，不能认为筚路蓝缕就没有文化，文化是根植于内心的修养[1]，而不是穿戴于外表的梳妆。创校时一张斑驳的书桌，传下来是珍贵的遗产；老学长留下来的片言只语，只要能振聋发聩，也用不着裱金镶银。

相反，节俭应该成为文化校园的选择，尤其是要成为其行动的标准。这包含下述几层意思。首先，节俭更多不在于选择用廉价材料和做法这样浅薄之处，而在于尽量对那些材料和题材善加利用，不要仅仅停留于装点和输出，而让它们能更多地、更积极地成为校园生活的一部分。这与前文讲到人本原则所要求的，载体选择要符合人的需要，其内核是一致的[2]。

其次，节俭原则还意味着对文化生长过程的正确理解，以及文化校园营建过程的理性设定。一次成型的文化校园，难免被一再修改甚至推倒重来。其实很简单，文化本身就是一个生长的过程，层叠地、累进地构筑文化校园[3]，符合文化本身生长的规律，因而是节俭的，反之就是浪费的。

1　语出作家梁晓声的"文化四句"："根植于内心的修养；无需提醒的自觉；以约束为前提的自由；为他人着想的善良。"

2　说到这里，不得不再次解释一下，文化校园之"用"。文化校园的场景营造，不反对被"用"，但反对以"用"为目标。前一个"用"，是场景能为人所用的"用"；后一个"用"，则是场景被"用"来简单地输出观念。

3　顾颉刚古史辨派所主张的"层累地造成的中国古史"的观点，经李泽厚"积淀说"的引用和发展，是对文化演进富有启发性的主张。

再者，与生长相关，节俭原则鼓励参与，鼓励师生们自己动手营建文化场景。这里既包括对临时设施和永久装置的分离设定，也包括师生参与所造就的额外的纪念性。将临时设施和永久装置加以必要的区分，符合节俭原则；如果临时设施（当然可能的情况下也包括永久装置）可以由师生们自己动手制作，无疑既增加了参与性，也更加有经济性。另外，不难理解，一颗由某位著名校友当年手植的树，是一颗有故事的树；即使是那些默默无闻的校友，他们为校园留下的痕迹，也同样珍贵。这从某种意义上说，是文化校园营建中最有光彩的那一部分。

最后，节俭的行动本身就在塑造人，塑造校园文化中非常珍贵的品质。如果说，以人为目标的四大原则有哪条原则最应该被铭记，应该就是节俭和劳动；而如果观察又有哪条原则最容易被忽视，也是它了。节俭是需要被实践的，而成长又是需要被等待的，因此，文化校园营建，不仅仅需要付出热情，更需要付出耐心，这不容易。

4.2.2 以美为目标

文化校园营建的两大目标，互为表里，又互为依托；以人为目标，更多地涉及内容，以美为目标，则更关心形式，从根本上讲是一致的。无论内容有多高大上，表述得有多精彩，如果与人无关，其动机就存疑；如果不美，其可信度就存疑。这既有关审美取向，也是一种价值判断。

文化校园的美，有三层含义，对应三种具体的选择。如果说美的环境、美的态度和美的行为，还有那么一点抽象，那么保持热爱、保持开心和保持干净，则都是具体的、可执行的。文化校园营建需要高屋建瓴，也需要脚踏实地。

1. 美的环境：保持热爱

美的环境可以从三个维度来认知。首先是"形式美"。这在大多数情况下，指的是文化元素经由适合的载体表达，主要通过视觉来认知，在此过程中获得的美感。这是文化校园最基本的存在和表现形式，其载体包括但不仅限于建筑、文化小品、特征植物等。对其形式美的判断，因此符合建筑和景观等领域的审美习惯，遵循其共同规律，具有一定的客观性[1]。其次是"感知美"。这是根据认知美学[2]，对文化校园环境美感作出的主观判断。在感知审美中，视觉不再占据绝对主导地位，还包括但不仅限于听觉、触觉、嗅觉和味觉等；最重要的，还包括主观想象的延伸。这些从环境中获得的愉悦，通过心灵加工，形成主观的"趣味"。它可以是雨后的青草味、篮球空心入网的声音，抑或是时间在红砖上留下的斑驳。感知美是对形式美

---

1 这种客观性可以参见格式塔心理学有关感知的理论。

2 认知美学的源头在康德的《判断力的批判》中。

温州中学·步青广场学生活动室

温州中学步青广场玻璃工作室采用玻璃贴膜作为文化展示，既鼓励学生参与文化内容的设计，也便于根据需要更替，实践节俭原则。

非常重要的补充，从文化校园角度理解，可以被认为是文化校园所营造的氛围。最后是"象征美"，则可以理解为通过场所与人之间的对话，进而对意义有所领会而引起的美感。如果说，形式美是文化校园美学目标的基础，感知美是其补充，那么象征美则与文化校园营建的目的直接相关，或就是其目的本身。文化校园营建所指向的，从来就不是环境本身而是环境背后的意义，这个意义，经常被认为是"教益"，但更多的应该是"共情"。无论是什么，文化借由象征传达并被领悟，也可以表达为通过对场所精神的解读和呈现，激发人们的认同感、归属感和方向感。因此，也可以说，文化校园的美学目标与文化校园营建的目的是高度一致的。

文化校园营建指向美的环境，以此唤醒并肯定师生们对校园乃至校园生活的热爱，进而养成少年们对世界抱有热情的态度。

2. 美的态度：保持开心

也许美的历程会是"苦难的历程"[1]，但文化校园营建所尝试引发的，应该是愉悦。美是一种形式，是一种理念，更是一种态度。

这里所谓的态度，就是审美态度。朱光潜认为美的态度有三种：倾向于实用的态度，趋向于善；倾向于科学的态度，趋向于真；倾向于美感的态度，趋向于美。作为美学家，他的重点难免会放在最后一句。朱光潜认为，美源自于审美对象本身的质素，但更不能缺少审美主体的主观能动性，这就是美的态度。美的产生，离不开人情与物理的融合。为此，朱光潜主张要培育艺术的情怀，葆有艺术的情趣，活出艺术的人生。他把人生看作为一种广义的艺术，每个人的生命史就是他自己的作品。

---

1 "在清水里泡三次，在血水里浴三次，在碱水里煮三次。"语出苏联作家阿·托尔斯泰在《苦难的历程》第二部《一九一八年》的题记。

温州中学·校史岛复建校门

　　也许要每个少年都来实践朱光潜的目标，可能志趣过于高远，但美育的确是人格培养非常重要的一环。经常有说法，一个人的情商和智商同样重要，但在实践中，却又把情商庸俗化地视为心眼与算计，这多多少少习惯性地把情商当成"智商"了。所谓的情商，应当源自于一个人的性情、情趣和情感，而不会来源于"头脑"。从脑而不是心里生出的情商，更多的可能是"虚情假意"，精致利己的少年们大概率就是这样"养成"的。而文化校园营建的目标之一，就是拯救这样的少年们，让他们从应试教育"苦大仇深"[1]的藩篱中解脱出来。

所以，要保持开心。审美归根到底是快感而不是痛感，这与康德所谓"美是不依赖概念而被当作一种必然的愉快的对象"[2]是一致的。当然，开心还有另一个层面的意思，就是用美打开心灵，接受更广大的世界。愉悦的心态和开放的姿态之间，互为因果；美的态度，是两者间最好的催化剂。

3. 美的行为：保持干净

美的环境、美的态度，会促生美的行为，也要以美的行为为依托。所以美的行为也就有两层意思：一是行为本身的美，二是为创造美、维护美、传播美而作出的行动。这不需要做更多的解释。需要问的是，为什么要特别提出"干净"一词？

属于美的行为，创造、维护、传播美的行动，一定远远不止"保持干净"。单独把"干净"提出来，有这么几条理由。首先，干净本身就是美的，此不待言。其次，干净还可以是美非常有效的配方。白不一定美，但洁白是美；高也不一定就美，

1　那个口口声声要"到城里来拱白菜"的"励志"少年的演说之所以引起了众多反感，其中一个重要原因就在于那种过于急切的态度。

2　康德.判断力批判（上卷）[M].宗白华，译.北京：商务印书馆，1996.

但高洁是美；同样，明亮也许是美，但明净就一定是美……例子不胜枚举。人们常说的"净化"，无论是对心灵的净化还是对行为的净化，既指向善的伦理，也指向美的人格。当然，在文化校园营建中，特别把"保持干净"从众多美的行为中摘出来强调，还有一个特别的理由在于其可操作性。

干净很重要，但同时门槛很低，也很切实可执行。"一屋不扫，何以扫天下"叫人不要好大喜功，大志要从小事做起，讲得就是这个意思。孔子讲"仁远乎哉，我欲仁，斯仁至矣"，其实也是同样的想法。美的行为，从干净做起，易上手，有效果，也值得坚持。此外，虽然保持干净这件事的门槛低，但立意高。净者敬也，人们焚香净身后祭祀，做的是净，要的是敬；文化校园营建，保持干净，树立的是对文化的敬意。

最后，在文化校园营建中，保持干净还有一个非常具体而切实的理由：讲文化说传统，有个非常容易犯的毛病，就是堆砌，常把叠床架屋误认为文化元素丰富。堆砌既是美学的大忌，也是走向虚伪的开始。很多时候，堆砌和空洞是同义词。保持干净就是拒绝堆砌，还文化以朴素真诚的本来面目。

总之，保持热爱，肯定比愤世嫉俗好；保持开心，肯定比苦大仇深好；保持干净，肯定比肮脏油腻好。这三件事，做起来不难，但坚持也不易。文化校园营建，就是要引导少年们从脚下起步，以美的环境，涵养美的态度，催生美的行为，积跬步以至千里。

4.3　与目标吻合的策略

关于营建慢校园、空校园、动校园和轻校园的理由，前文已有所表述。后文依次分别展开说明据此而生的策略。

4.3.1　慢校园——植文化

实现慢校园的根本策略就是植入文化。以融合在校园环境中的文化元素为羁绊，吸引少年们的注意力，留住他们匆忙的身影，放慢他们的脚步。具体操作有下述三个着力点，值得关注。

1. 路径——停留

文化校园体系一般由访问路径架构。路径设定分两种：一是与日常交通道路合二为一的路径，二是专门为游园休憩而设的路径。两者往往同时并存，并各有侧重作用。从空间融合度与积极性考虑，文化校园的主框架推荐与日常交通道路重合，而由旁通的游园休憩路径作为辅助补充，形成组合型的文化校园体系。此种设定有利于将文化校园的架构体系与校园日常活动相互结合，而由旁通的游园休憩空间承担相对需要独立的活动。另一种则将文化校园主框架与校园日常交通分离，由单独游园休憩路径作为文化校园的主线。此种设定将文化校园架构

温州中学·在思贤桥上眺望数学馆

体系与校园日常活动分开，各类文化活动，游离在校园日常交通系统之外，更加独立，形成分离型的文化校园体系。

无论采用哪种主线架构，文化校园的路径设定均应由步行系统构成，形成步行校园。如果采用组合型方案，则要求日常交通体系能有人车分流，或实现分时段人车分流。中学校园规模一般不会太大，步行校园的目标不难实现。常见难点是机动车停车对步行校园的干扰，因此，当采用组合型方案时，要首先对校园停车系统进行有效组织，将机动车、非机动车的停车位与文化校园架构分开。比较常见的失误是过于关注文化校园体系本身的构建，而忽视了停车系统对文化校园体系的干扰。很难想象人车混杂的文化校园场景。慢校园，应该是看不见车的校园。

慢校园要求在文化校园中，借助道路形态的曲折变化、绿化的组织、空间的开合等，形成足够的停留之处。停留处可分为三种：一是暂时停留，二是延时停留，三是长时停留。文化校园的文化元素，往往会载入在各类停留处。一般长时停留处会设定在主线之外，或与主线串联但相对独立，满足各类活动的要求。暂时停留处和延时停留处则既可以设在主线上，也可以设定在辅助线路中。不同的停留处所适合载入的文化元素各有所不同。设定合理、层次分明的文化校园架构能形成立体的文化校园空间体系，满足各类文化活动的需要，并形成各个学校独特的校园形象和氛围。

2. 可读性

尽管并不直接对应，但可以将停留处理解为场所的主体。这个场所，"不仅具有实体空间的形式，而且有精神上的意义[1]"。文化即信息，慢校园的核心价值在于它的可读性。人为设计的文化载体只有当其故事性被审美主体读取之后，意义的植入才在事实上得以成立。这也许有点拗口，更口语化的陈述是：停下来、慢下来，是给心灵一点时间，读懂文化校园所要传达的。因此，可读性既要求"慢校园"，也为"慢"和"停

---

1 陈育霞.诺伯格·舒尔茨的"场所和场所精神"理论及其批判[J]. 长安大学学报（建筑与环境科学版），2003，20（4）：30-33.

留"提供了理由。

有一点值得被强调：可读性并不等同于直接去模仿还原物质形态的"原真性"，这也是在文化校园营建中常见的失误。因为"原真性"的易读特质，人们往往容易将"原真性"视为历史文化遗产的价值本身，不假思索地去原样重建历史中曾经出现过的建筑或者构筑物，从而造就了一堆"假古董"[1]。真实的历史遗存与仿制品的价值截然不同，而遗迹的认知价值并不仅在于其形式，更多地在于蕴含的精神。并且，历史文化遗产的价值会随着社会的发展而发展，它的被理解与被解读，需要人和活动的演映。历史文化遗产只有融入少年们的学习、生活中，被使用、被解读，其文化价值才能得以真正体现。可读性是建立在真实体验基础上的，单纯的"阅读理解"，创造不出真实的可读性。

换句话说，在文化校园营建中，历史叙事必须与真实的校园叙事相融合，单纯讲故事是不够的，既往的故事与校园中真实发生的事实产生对话。这也是为什么假古董不可取，真实的营造在追慕先贤、模仿其形式时，总是要求"古今相融"的原

1　假古董最大的问题就是"假"。如果能原汁原味，从材料、构造、形式等全方位地与所拷贝的对象高度一致，就如日本神社的二十年一度的"替造"，这样的"原真性"是可以接受的。假古董的弊病是徒具其形。所以，从这个角度理解，形式和内容一致的可读性也是可以接受的。

因。比如北京大学图书馆设计时借用了国子监辟雍建筑的重檐攒尖顶，隐喻中国的太学传统；但建筑材料、细部、空间构成等方面则并未一味仿古，在满足当代使用需要的同时，也融入了时代的痕迹。这样的传承，才是"活"的；这样的可读性，才是"真实"的。

3. 非知识

在课堂上，少年们已被知识所包围，分数的鞭子抽打着他们，一刻不停。所以，文化校园的责任之一就是让他们停一停，慢下来。因此，从操作的层面上，要求慢校园是非知识的。

当然，慢校园的非知识，不是老子"弃圣绝智"的非知识，而是讲，这里的知识是以呈现的方式出现的。文化校园不是历史课堂，所以不需要将历史提纲挈领地一条条列出来，而是将传统包括校史嵌入校园中展现出来；这里也不是思政课堂，所以价值观、世界观和人生观也不需要如口号一般喊出来，而是融入在校园日常生活和课余活动中；这里同样也不是艺术课，所以真、善、美不需要讲原则、对标准、作评价，而是汇入校园文艺生活的点点滴滴中；这里更不是数学课、语文课、物理课，所以没有考点、没有重点、没有知识点，有的只是俯拾即是、随心而动的体验和感悟。

当知识不再是知识，更不是分数，少年们就有机会不是去记忆而是去体悟，这需要有时间，有一定的过程，而且有时还需要有一定的缘分。所谓缘分，可遇不可求，所以需要耐心和等待，慢校园就是一个能包容耐心和等待的地方。

4.3.2　空校园——去标签

在文化校园营建中，标签化也是一个常见的弊端。这是对符号的误读。所谓空校园，就是要在文化符号的载入中，将空洞的标签剔除出去。这首先就要求能读懂符号。

1. 读懂符号

每个学校在其发展历程中，都会衍生出独属于自己的文化符号，它赋予了学校以辨识度，承载了意义和重要性，并对师生的思想和行动产生有益的影响。这个所谓的符号并不仅限于文字、图形、空间，甚至观念，而是可以作为学校象征的任何事物，包括但不仅限于某种平面构成、某种特色文化、某种行为或者是某种价值观等。校徽、校训就是常见的文化符号。

文化符号有时会以口号的方式出现，但口号并不就是符号，特别不需要大声喊、随时喊。符号是默契，是被广泛认可的、自身具有强大感染力的、更多靠心领神会的象征物。

文化符号也不是标签。标签隐含着刻板印象和强制归类的性质，它是死的，始终无法成为鲜活的存在。标签仿佛金箍，就算用金子做成，也只能是束缚，因为它只能定义过去，却不能代表现在和未来。

2. 选对符号

事实比观念更具说服力，也更能打动人，所以在选择符号时，尽可能多用事实代替观念。同样，具象物会比抽象物更不容易引起反感，所以在选择符号时，也应该更侧重具象者。

比如温州中学自创校之初就十分重视和崇尚数学，在诠释这个传统时，选择"数学家的摇篮"这个描述性符号会比"热爱数学"更形象、更具备想象空间，因此它是更合适的符号。前者以陈述事实的方式来传递信息，在输出观念的同时更蕴涵了对温州中学学子的期待和激励；而后者则直陈观念，表述更清晰，但口号式的输出难免显得空洞，并且也缺少延展性。

3. 用好符号

前文已一再强调文化校园营建的输出方式首选呈现，此处仍需再次重申，因为将文化符号简单粗暴地当成教条输出的例子太多了。在使用和诠释文化符号时，要少教训，多呈现。教训是强势的表达方式，代表一种教育与被教育的关系，对于已经被应试教育折磨得不堪重负的少年们来说，教训只会导致反感；而呈现是一种体验和被体验的关系，这是友好的，易于被接受的，也是长期有效的。

呈现的方式要求在文化校园营建中，尽量以场景化的方式

温州中学·美育小岛沉思角

美育小岛将温州中学校史嵌入校园，并融入学生的日常生活和课余活动中。让学生
在美的环境中，获得随心而动的体验和感悟。

180

来输出观念。文化校园营建也可以被认为是文化场景的营建。

并且，以呈现方式说话的文化校园，保质期会比较长。因为呈现方式本身的特性，这样的符号输出方式，是多义的。观念是流动的，表述方式也会随时代而变迁，因此，教条的"生命力"往往不强。而呈现的多义性，同时也是它的适应性。

4. 做好符号

读懂、选对并用好符号之外，还必须做好符号。同样采用呈现的方式，具体的呈现形式，也对文化符号的输出具有不可小觑的作用。这一点非常影响操作性，因此从实用层面而言，重要性可能还要超过此前的几点。

所谓形式追随内容，但形式本身也应当被定义为内容的一部分。做好符号这件事，既容易出彩，也容易犯错。这里以具体的例子来说明：比如讲故事，出一期墙报也是可以的；但如果有哪位老师或者同学能把故事写成一篇纪实文学，这样的呈现方式，肯定要超越墙报。仔细分析的话，墙报具有一定的临时色彩，而创作一篇纪实文学本身，就有校史意义。形式和内容同时具有符号的意义，其作用也是双重的。再比如，校训石或碑，这是文化校园营建中运用最普遍的符号之一。然而，对某个特定的校园，校训石或碑，最好只出现一次或有限的次数。校训比较合适放在校门、中心广场或图书馆等几个对校园而言最具有象征性的场所。因为校训比较重要而且"政治正确"，不太容易被诟病，因此，有时容易在各个场合被滥用。这一方面对突出校训核心价值观的地位不利。"少就是多"，或者说"稀缺的才珍贵"，在这里也适用。又比如，如果要在文化校园中陈列某件展品，实物比仿制品好。这不难理解，需要指出的是，很多时候，为了相对比较全面地"叙事"，往往在展陈中大量使用照片、文字描述和实体模型，这类形式在各个学校的校史馆极其常见。然而，如果能有效压缩这部分内容，而在校史馆尽可能多地陈列真实的藏品，哪怕是片段、缺损或一鳞半爪的物件，都远远要比之前全面的"宏大叙事"强。这是当代博物馆、展览馆的通病。每一件老物件，再旧、再破，都是在说话、会说话的。一件实物的呈现胜过千言万语，人们都会同意这个观点，但在实际操作中，也很容易忘记。

因为形式是多样的，所以做好符号这件事，没有一定的规则，需要根据不同的情况，采用不同的形式。但有一点或可以作为判断的依据，也就是"原真性"。此前在分析慢校园的可读性时，曾指出要避免对"原真性"的误读，虽然表述和重点有差别，但核心思想是一致的。

做好符号这件事，还有一点也值得重视，即做好了符号，还要安对位置。

前文讲过，"校训比较合适放在校门、中心广场或图书馆等几个对校园而言最具有象征性的场所"，同样，珍贵的藏品要

温州中学·数学馆

放在校史馆里，校友捐赠的凳子要放在树阴下，刚刚得到的奖状要放在校门口的橱窗里……不同内容、不同形式的文化符号要各安其位。在恰当的场合，文化符号叙事性，才能恰当地被呈现，而不是言不及义或者不合时宜。

安对位置的另一个要点又是留白。如同教育要留白，时间要留白，文化校园也一样：墙用一面，留点空白，不要用符号将整个校园填满。时间在继续，少年在成长，校园要生长，给校园里的少年们空间，让他们在空白处体会符号的意味，续写他们的故事。

4.3.3 动校园——赋功能

留出空白对文化校园还有一个更加重要的意义：一个真正有活力的文化校园，要用少年们的活动去定义空间，营造场所精神。这是文化校园营建的精髓。文化校园的起点是静，气质也偏静；动校园，就是要将人的意识和行动注入其间，在文化校园这个场所中，通过各类活动的载入，让空间与人的活动相结合，从而获得意义。一块场地，有人在踢球，才成为球场；一间房，有人在就餐，才成为餐厅；同样，校园里载入再多的文化符号，都还不能称之为文化校园，还需要有各色各样的文化活动在此发生。

所以，动校园指的是一个活动加载或者说是功能赋义的过程。

将可以用来定义文化校园的活动，按活动性质分为下述几类：文艺表演类、体育运动类、科技观察类、生态养殖类、民俗节庆类、课余兴趣类等；也可按参与人群，分为校内活动类、校际活动类、家校互动类和社会互动类等；当然，也可按组织方式，分为校级活动类、年级活动类、班级活动类、社团活动类、个人活动类等；如果按时间节奏，也可分为固定节庆类、日常活动类和临时活动类等。一般而言，除了排在正式课表中的课程，校园内发生的其他（课余）活动都可以被归入文化校园的活动内容。

这里有两点需要补充说明：第一，课堂教学活动也应当是校园生活的重要组成部分（理论上更加重要），长远来看，定义文化校园的各类活动中，应当把课堂活动也纳入进去，前提是要将课堂活动从应试教育的体系中解放出来。或者反过来说，文化校园营建有一个长远目标，即总有一天要将课堂活动和课余活动纳入同一个评价体系，彼时文化校园才能被认为是完整的，而不是分裂的。另外，就算在当下这样由应试教育为主导的体系下，课堂活动最终仍将并流到文化校园的大架构中，从而成为校史和校园场所精神的一部分。请注意这里设定上的差别：是课堂活动并流入文化校园体系，而不是课余活动并流入课堂活动。

第二，并非发生在校园里的一切活动都会被归入文化校园的活动内容。起码在摆脱应试教育模式之前，课堂活动不是；另外，很多借用学校场地进行的社会活动，如果没有学校师生（特别是学生们）参与，尽管发生在校园中，也不是校园文化活动。

　　活动载入或者说功能赋义是文化校园营建的中心内容，但这里有必要区分文化校园营建的两个不同的侧面：校园本身的硬件营建和校园活动体系软件的营建。本书对硬件和软件同样重视，但讨论的重点在前者。因此，对动校园的讨论还要解决两个问题。

　　第一，为容纳各类活动，文化校园从硬件上要做哪些准备，也就是说，从活动角度应该怎样对文化载体进行分类，不同类型各自有何特征，需要怎样的材料。特别是，这些面向活动的载体本身适合载入什么样的文化符号。

　　第二，文化校园营建有一个重要策略，以校园活动为抓手，主题先行。前文主张要"用好文化符号"，提倡用呈现的方式来展示文化符号。动校园为此提供了一个具有可操作性的策略。在营造文化场景时，片面地从历史、从地方、从未来汲取主题，往往事倍功半。动校园提示可以以预期的校园文化活动为支点来确定主题。这样的主题，既能毫无障碍地融入校园生活，又能随时调整变化，不会落入死板僵硬的窠臼，还能天然地符合少年行为的逻辑。文化校园因而能摆脱可能的虚伪和做作，成就鲜活而永远年轻的样子，这也正是文化校园最应该成为的那个样子。

　　活动的内核不是参与的人与物，而是这些人与物在活动中的行为。空间是固定的，但行为是多样的，活动是可变的，变化的活动将重新定义空间。一个广场，可以是少年们课余交流的所在，也可以是某个节日或少年们庆祝活动的场所。在"静止的"固定载体中，引入成长的、日常性的课余活动将给校园带来活力，并在时间尺度上延续文化建设，建立随时间变化和沉淀的场所精神。

动校园从某种意义上讲，是文化校园的灵魂，是少年们的活动赋予了文化校园永续的生命。因此，动校园还有另外一个不可忽视的诉求是它的绵延性。

具有绵延性的文化校园营建，倾向于将部分典型活动以一定的形式固定下来，形成传统。比较常见的形态是节。节是一种群体的存在策略，单次活动不能成为节，单个群体的活动也不能。节的形式相对固定，参与者可能流变，节是具有绵延性的校园文化活动。节使校园在时间上形成节奏感，能有效、系统化、模式化地传播文化，本身也毫无疑问会成为文化符号的一部分。在校园中，各色各样的艺术节、文化节、体育节等，为校园的文化活动提供了主题和动机，为校园文化活动规定了时间、空间和内容。

绵延性和节奏感是动校园的特征。每个学校都有各自重要的时间节点或事件，并以此塑造自己的符号体系和价值观。文化校园的营建，就是要镌刻下独属于那个时间点的集体记忆，沉淀下这个事件的文化印记，留下自身的年轮。这些年轮将是

温州中学·体育节

文化校园的重要物质内容和精神营养，是师生归属感、认同感的重要来源，是校史积淀、校园文化成长的刻痕。时间和成长，让校园变得无比生动[1]。

4.3.4　轻校园——分显隐

所谓轻校园，针对的就是分数的重。文化是具有厚重感的传承，文化传播也有轻和重两种方式。重的方式，可以理解为由枪炮输出的方式，有种说法是真理在大炮的射程之内，这并

1　温州中学八十周年校庆时，立陈叔平像，首次发放"陈叔平陈仲武数学奖学金"；九十周年校庆时，树立校训碑、思源碑、夏鼐铜像，就是随时间而累积的校园文化场景。

不错。在校园里，分数和考试就是枪和炮，随时准备好了要让你掂掂应试教育的分量。但强迫并不是唯一的方式，或者也可以说，强迫也不是最好的方式。

呈现式的、场景式的、不那么急切的方式，也就是轻校园所主张的方式。"随风潜入夜，润物细无声。"轻所要求的，首先就是点到为止。校园需要有文化符号载入，但它不是博物馆，甚至博物馆都不需要面面俱到地将文化的全貌完整地展现出来。符合轻校园理念的文化校园营建策略，主张局部大于全体、细节胜于雄辩，要留下讲故事的空间。正如伏尔泰所说"令人讨厌的艺术是把什么都说出来了"。失去了想象的空间和可能性，文化校园会因此显得乏味，甚至令人生厌。

比如说，浙江大学玉泉校区大门上的校训铭文设计，就是一个上佳的案例。在大学校门上或校门附近刻写校训，是常见做法，多数时候也不会令人反感。不过直白有余，总显得不够"有范"。由中国美术学院专门设计的"求是创新"四字，采用了篆体与阴阳反刻的手法，乍看一下子可能认不出来，要细加辨认。如此，在"似与不似"之间的四个大字既完成了校训上墙的"任务"，同时也像是某种纹样和装饰，与校门浑然一体。这样的"输出"方式，让人觉得举重若轻，非常有高级感，其实就是用了"隐"的手法。

隐，当然是藏起来了什么，或藏起了部分，或蒙上了面纱，

但其实是为了"显"。这就
是罗扇半掩，或者说海中浮
冰的效果，从叙述上留出想
象的空间，比完整表达更能
渲染气氛，达到更好的传播
效果。这种略带迂回的表
达，符合接受美学的规律，
反映了文化校园"艺术性"
的一面。文化校园输出校园
文化，不是做研究、写结
论，要求直奔主题，明白如
话；也不是辨源流撰史记，
要求条理清晰，表达全面；
而是通过艺术性的方式，将
故事和道理传达给受众。这
也就是前文一再强调的呈现
而非灌输的意思。

从这点来看，轻校园还
要求采用等待并偶遇的方式
介入校园生活。不必那么用
力把所有都一览无余地呈
现，各种细节都会在暗示，

陈叔平先生退休纪念碑

这是一场不期而遇。

另外，前文还谈到过，文化的呈现方式，可以由一隐一显两条线索串联，以此将孤立的事件织缀成完整的校园。其中，显性的线索有瞬时性和绵延性两种。前者以某个确定的时间节点为契机，展开文化校园营建，比如校庆；后者则通过一套评价体系和制度来推动文化校园的建设与成长。这就涉及文化校园营建在制度上的那部分，在将文化校园嵌入学校教育体系的同时，给少年们打开另一扇窗，带来"分数"之外可能的"超越性"。轻校园则要求，这个评价系统也"轻"一点。只评判，不排名。应试教育通过排名制度给少年们带来太大的压力，文化校园不能重蹈覆辙。少年精神强调合作、强调"无用之用"、强调"超越性"；可以有成功、有失败，但不应该有排名下的成功者、失败者。

4.4 场所与情感

4.4.1 由策略营造的场所

文化校园以人为目标，也以美为目标，具有慢、动、空、轻四个属性，并由与之相应的策略营造成为具有文化标识性的"场所"。这个场所存在下列三个特征。

1. 课外

文化校园属于课外，前文已有所论述。这是由于短时期内还无法摆脱应试教育所决定的。文化校园当然不一定必须在课外，但一定是非输入的、非教训的。文化校园的文化，其核心是价值观，是少年精神，而非知识。知识可以被灌输、被教训，但价值观、少年精神只能被体验、被感知。所以要以呈现为主、以体验为主、以非功利的实践为主。同时，课外没有排名、不问得失，是留白，是"无用"之处，是少年精神的摇篮。

2. 在场

人在场所中活动，事件在场所里发生，人与事件为场所带来意义，并在场所中留下自己的痕迹。人、事件、场所是同时性的，或者说，场所具有非常重要的特征——同时在场。所以，校园的场所精神不是凝固在某一特定历史时期或特定人群，而是处在此时此刻不断的建构之中。文化校园的营建，需要提供有意识的活动和设施，让此时此地的少年们作为校园场所的参与者、在场者，用自己的行为不断为场所精神赋义，给予场所精神以新的内涵。

3. 守护

校园理所应当地成为学生们的守护者，但这并非单方面的

浙江大学玉泉校区"求是创新"铭文

守护，更重要的，是与少年精神对话。文化校园的营建，不是以高高在上的长者姿态而是以平等的态度面对少年，尊重少年们的心理、生理及行为特点，创造多样性和可参与性的场合，以人的尺度建立领域感和归属感，满足少年们自我认知和沟通交往的需求。

4.4.2 由场所引动的情感

文化校园以人为目标，亦即以情感为目标。通过场所营造，建立参与感、领域感和归属感。

1. 参与感

在场所里需要参与感。文化校园营建也要求摆脱一厢情愿的"灌输"，吸引或推动少年们"参与其中"。营造参与感，首先就需要以学生作为文化校园的主体，并有意识地通过规则设定，策略性地激励和动员全体学生参与其中。

首先，对于文化符号的呈现物，可以参与制作。文化校园营建的方方面面，都可以让学生参与进来，将其日常生活和鲜活个性融入校园文化的呈现中。

策略之一就是让学生直接参与制作。比如在文化校园营建中，常需要设计制作各类文创产品、海报等；可以通过社团组织或让学生个人自由投稿等形式，由学生参与制作。温州中学就组织过文创用品设计大赛，其后选取获奖作品，制作完成了一整套文创产品，包括日历、钥匙扣、笔记本等。既生动地记录了学生真实的校园生活，展现了温州中学学子的风采，同时也极大地增加了学生的积极性、亲切感和认同感。

策略之二就是在校园中构建灵活的、可变的载体，让学生参与再制作。比如浙江大学紫金港校区学生街的入口背景墙设计，采用像素抽屉的概念，学生们按照自身喜好自由组合图案，它成了极受欢迎的网红打卡点。

其次，在活动中参与对话。被动地被组织、被活动，参与感有限，要发挥学生的主动性、自主性和创造性，给予他们参与甚至主导活动的权力和地位，让他们在共同的场域和共同的关注中产生共享的认知与情感体验。比如温州中学的"艺术节""体育节"，从前期由各个班级提交策划书竞标主办班级，到中标班级全程安排海报制作、舞台布置、人员安排，再到活动举办、颁奖仪式，学生全过程统筹并参与其中，极大地提升了学生对活动的参与感，也注入了新的活力。

值得一提的是，文化校园营建的参与感，针对的不仅仅是在校学生，也应该包括曾经的学生、现在的校友。文化校园营建既发生在当下，同时也是历时性的；校友作为学校的宝贵财富，是校园文化的重要组成部分。所以，要在文化校园中给校友们留一点位置，让他们参与其中，去承载他们的记忆和归属感。

2. 领域感

领域感与获得感等价，而获得感则是参与感的正反馈，同时也是教育绵延性的保证。单次事件的参与是孤立的、试探性的，只有事件本身能提供"获得感"，才有可能调动并延续学生的参与感。同时，需要有一套评价体系来维系对事件的串联，提供事件本身以外的"获得感"，从而构建文化校园的时间性和绵延性。

还是以温州中学文创产品为例。这个案例包含了事件本身及之外的两种获得。文创产品实物本身即是"获得感"的来源，而且是前文所谓将"本身作为展陈对象"的最高层次的获得感；同时，文创产品活动作为温州中学艺术节的主题比赛的一部分，其获奖情况将以班级积分的形式纳入班级素质分评价体系下，从而获得事件本身之外的获得感——班级荣誉感。班级素质分评价体系以年为单位，结合"艺术节""体育节"及各种社团活动，串联各个孤立的事件，从而产生绵延性，并实现了将文化校园融入学校教育体系之中的目标。

3. 归属感

按照场所精神的有关理论，人的认同必须以场地的认同为前提，而认同感则是归属感的基础。校园的场所特性，并不凝固于某一个特定的历史时刻，而处在不停地构筑之中。场所作为物质与精神的双重载体，其"记忆"让世人建立起与周遭世界积极而有意义的联系[1]。所以人们通过共同记忆定位他与校园场所的关系，而人们对场所的归属感也正是基于共同记忆而建立的。这种共同记忆包含地域情感的建立、校园文脉的认同、场所的参与性等方面。

● 地域情感的建立

中学校园定位于某个具体城市或乡镇，从而具有特定的地域特色，学生作为来自相同地域的群体，分享某种共同记忆：比如当地的风俗习惯、历史传统、生活方式以及环境特色。文化校园营建，很自然会汲取这些与地域有关的共同记忆，融入

2019级9班吴佳纯 绘

自律是
人生最尊贵的标配。

2·0·2·1

01

新的一年
新的开始
新的奇迹

"温州中学生·学霸日历"

校园文化。地域因素的利用，将使校园更加密切地根植于地域环境，增进群体归属感。

- 校园文脉的认同

校史作为属于过去的共同记忆，也是校园归属感的来源，也是属于过去的集体记忆；与校史相关的历史遗迹和文化遗存，则是可以被直接识别的"历史年轮"，很容易读取其中的文脉

浙江大学紫金港校区学生街入口背景墙

信息，产生认同感，从而让新的记忆与曾经的集体记忆发生连
接。当不同时间段的集体记忆被触发，共同记忆便产生了。

文化校园营建中，对那些承载着共同记忆的载体，要慎重
对待。可以修建、改建和重建，但要避免前文提到的"假古
董"的产生。

● 场所的参与性

场所的参与性与前文说的参与感是同一件事的两个侧面。作为校园这一特定场所的参与者，少年们通过活动与事件为场所带来新的意义，并在场所中留下属于自己的共同记忆，不断改变着场所的形象特性和精神内涵。文化校园营建中，场所的参与性，就是要因地制宜地营造立体、多层次、灵活多样的参与性空间系统，丰富校园整体的空间体系，为各种公共交往、信息交流、事件活动创造可能。

4.5　由情而生的意义

意义源于情感。

文化校园营建关乎价值观的塑造或重建，因此关心意义这个哲学的终极问题。意义是个大题目，不适合在此讨论，这里仅试着讨论如何借由文化校园营建关注到意义。

意义和价值有同有异。价值可以有外界和内心两种参照系，但意义只属于内心；外界对意义的肯定，必须通过内心确认。例如对于某个行为的评价，当你自己觉得价值非凡，而外界总体风评不过尔尔时，你自己觉得有很大概率是"自命非凡"；你自己觉得是小事一桩，而外界一致认为感天动地，则说明你在谦虚。因此，对于价值判断，内心和外界是可以同时并存的。

与此相反，同样评价某个行为，当外界说好，而你内心不以为然时，这个行为对你就没有意义；当外界说不好，而你自己深以为然，那外界的判断不影响你自己对意义的判断；当然，如果你对意义的判断，需要以外界说好为前提，那么，此时你内心对意义的肯定，其实并不来源于这个行为本身，而来源于你对外界肯定的需要——与其说你认可这个行为，不如说你更关心外界的肯定。然而，无论你对意义的判断是否会建立在外界的肯定之上，最后的判断还是要服从于内心的认同。

因此，意义就是内心对于价值的认定——这差不多就是价值观的定义。文化校园营建试图影响价值观，即影响学生们内心的价值认同，因此也就可以说，文化校园营建的根本目的，在于意义的营造。

从场所的营造通往内心的营造，路漫漫其修远兮。文化校园的场所精神、文脉和符号如何抵达少年，最终成为其内心的自觉，本书设定了这样一条路径：从与少年相契的精神出发，建立与精神一致的目标，找到与目标吻合的策略，营造由策略导向的场所，最后，通过由场所引动的情感，抵达由情而生的意义。

意义的起源是理性的。语言是意义开始的地方。人们用语言交流，也用语言思考，发生在意识和潜意识之间的思绪，也靠语言截取、定形，才能被自我理解并相互传达。语言是能指，而这些被固化的思绪，即语言背后的意义，也就是结构语言学所谓的所指。人的意义，因此也可以被理解为人的所指，某种程度上是因语言而存在，由语言定义，也是经语言才能被理解的。然而，如前文所说，对意义的判断是主观的，主观的判断很大程度上并不诉诸理性。理性判断所认定的是非对错，对意义的判断有影响，但并非决定性的；而主观判断，反而是意义的最终裁决者。判断之所以被定义为主观，即说明其既可以来源于理性，也可以相反；那些非理性的判断，无论是潜意识、下意识、集体无意识……归根到底，都与人类的情感息息相关，在裁决某件事物或行为是否有意义时，主导者是情感。正是在这个意义上，意义源于情感。

文化校园营建，正是通过场所和场所精神的塑造，引起少年们的感动，从而抵达他们的内心。其中，参与感、领域感（获得感）和归属感，正是纷纭杂生的各种情感中，对意义认定最积极和最有塑造力的那部分，文化校园营建路径设定的理由，即在于此。

在意义营造的背后，是人的养成，对少年们而言，则是以焕发其少年精神为目标的。少年精神的养成，是少年来到此生此世的自我宣告。如果按朱光潜说的那样活出艺术人生，每个人的生命史就是他自己的作品，那么，少年阶段所完成的，就不再是儿童时代的练习曲，而是人生的处女作。中学文化校

温州中学·睡莲

正值花季的温州中学的睡莲与曲桥，营造共同独有的场所精神，摄于温州中学艺术岛。

园营建有所成就的那一刻，就可以被认为是场所精神的成人礼——标志着少年们一个阶段性作品的完成，这是一个段落、一座分水岭、一个全新的开始。

5

释义：

品读温州中学

紫藤花

5.1　要素解读

本章以温州中学文化校园设计为例，介绍文化校园营建的一个完整而具体的构想过程，以期对前文所述有一个直观的认识。每个具体的文化校园都应该是独一无二的，因此，其构想也自然各不相同。可以把类同之处视为文化校园营建的底层规律，而把不同之处视作具体学校自身特点的映射。这大体不错。然而，对具体特征的把握肯定也会影响底层规律的运行，因此，更准确地说，每一个具体的文化校园，其所追踪的底层规律和它的个性特征同样都是唯一的。唯一性是文化的特征，也因而是文化校园的特征。

但这并不是说文化校园营建就没有规律可循。在一定的尺度之上，规律还是在的。比如校史是校园文化元素重要的来源，这是规律；然而，校史同时也是校园特殊性的重要来源，这也是规律；同时，校史本身的长短对它在校园文化形成中所发挥的重要程度有影响，这还是规律；最后，攀龙附凤式的"伪校史"会让校园文化变得虚伪和可疑，反而拖累文化校园营建，这也是规律。这些看起来互相矛盾的"规律"其实都服从同一个原则，即"校史对校园文化营建很重要"。以上所述的差异性均为此项原则的具体表现。此其一。

其二，如果从目标、条件、行为和结果这一条线索观察，文化校园营建的规律性会更加显著。也就是说，具体的营建过程和结果虽然各具特征，但文化校园营建的路径是高度一致的。这也正是本书讨论的重点。

其三，有规律就有例外。比如前文一再讲到文化校园营建要放在课外，这是针对应试教育的弊端和现实而言的。然而，在具体实践中，这个边界是模糊的。温州中学文化校园营建，结合其自身特点，有不少元素比如数学元素乃至数学竞赛活动，课内课外是打通的，后文将有详述。文化校园营建在课外时，定位并没有问题；温州中学文化校园营建中做了不同的选择，的确是例外，但恰恰说明了一件事：课内课外是可以统一的，这既是对未来教育的期许，也是发生在温州中学的现实；从这点看，温州中学文化校园营建，具有深刻的未来性。

温州中学一百二十年校史，蕴含丰富，本次设计撷取"一源六址三摇篮"，据以为出发点诠释温州中学的文化，营建温州中学文化校园，唤起温州中学人的集体记忆，引发认同感和归属感。

5.1.1 一　源

北宋皇祐年间（1049—1054），王开祖讲学于华盖山，创建了温州第一所书院——东山书院。几经兴废，乾隆二十二年官府复兴东山书院，兴建中山书院。1902 年，国学大师、教育家孙怡让商请有关人士将温州府属中山书院改为温州府学堂，此为温州中学创校之始。温州府学堂后改名温州府中学堂、浙

东山书院　　中山书院

温州府学堂第一届毕业生

江第十学堂、浙江第十中学校、浙江省立第十中学校。

　　1906 年，温州地方当局决定由孙怡让以旧校士馆为址创建温州师范学堂，后易名为温州师范学校、浙江第十师范学校。1923 年，根据教育部学制的要求，浙江省立第十师范学校（十师）和浙江省立第十中学校（十中）合并，校名仍为浙江省立第十中学校（1933 年更名为浙江省立温州中学）。之后，此合并之日 10 月 11 日即为温州中学校庆纪念日。

5.1.2　六　址

温州中学一百二十年校园历史中，校区几经变迁，留下了如下"六址"。

1. 仓桥校区（1902—1962）

仓桥校区是温州中学真正意义上的第一个校址，原为中山书院旧址，位于永嘉城区仓桥（永嘉城区即今温州鹿城区），今为温州实验中学广场路校区。从 1902 年至 1962 年，除了抗日战争时期短暂迁址，仓桥校区一直作为温州中学校区，是温州中学历史最悠久的校区。仓桥校区在抗日战争期间多次被日寇轰炸，现已无留存建筑，但"春草池""道义之门"作为仓桥校区的重要文化载体，是温州中学校友的共同记忆。

2. 道司前校区（1923—1965）

1923 年，十师和十中合并，原十师温州府校士院旧址成为温州中学道司前校区，今为鹿城区蝉街温州八中校区。道司前桥区一直沿用至 1965 年，经多次重建后，现已无遗迹留存。校歌"怀籀亭边勤讲诵，中山精舍坐春风"中的怀籀亭即位于道司前校区，是为纪念孙怡让先生所建。据温州中学第一届高

仓桥校区校门

道司前校区校门

中生王建之（原名：王会煦）校友回忆，怀籀亭原是一座八角牙橡木结构小亭，重建后却是一个方形厅堂式建筑。

3. 青田水南临时校址（1939—1944）

1937 年抗日战争全面爆发。1939 年 4 月，温州中学仓桥校区被日寇轰炸。同年 5 月，学校开始第一次艰苦卓绝的战时迁址。初中部 12 个班迁至青田水南，高中部 6 个班迁至青田

青田水南村栖霞寺　　　　　　　三滩村元坛庙

村头，校部设于青田水南村栖霞寺，摸索战时求学之路。在温州中学各个临时校址中，水南临时校址的使用年限最长。

4. 南田/江口临时校址（1944—1945）

1944 年温州第三次沦陷，同年 8 月中旬，温州中学再次紧急迁址，水南分部迁至文成南田三探（温州城区本部迁至泰顺江口），校部设在三滩村元坛庙。1945 年 7 月迁回温州城区。2000 年，因兴建珊溪水库，江口临时校舍旧址沉睡水底。

5. 九山校区（1965—2002）

1965 年温州中学迁至九山湖畔的原温州师范学院校址，现为温州籀园小学。原有 20 世纪 50 年代的苏式教学楼现已全部拆除，仅保留为纪念孙怡让先生而建的籀公祠及籀园图书馆，同时张謇所书的"籀园"两字仍保留完好。

九山校区

6. 三垟湿地校区（2002 年至今）

2002 年温州中学百年校庆之时，温州中学迁至三垟湿地校区。新校区占地 338 亩[1]（其中水域约占 30%，绿化占地面的 40%），校舍建筑面积共 7.67 万平方米，建有教学楼、科学馆（内有天文气象台）、实验楼、图书馆（含学生电子阅览室）、体育馆、艺术楼（内含校史馆）、学生宿舍、教师休息楼、食堂、行政办公楼、英语岛、生物岛。同时还建有标准的田径场、网球场和室内太阳能游泳池。

---

1 1 亩 ≈ 666.7 平方米。

三垟湿地校区

5.1.3 三摇篮

1. 进步学生的摇篮

　　1902 年民族危亡时刻，温州中学始创。在中国抗御外敌入侵、反抗民族压迫和阶级压迫的艰苦卓绝的斗争中，温州中学孕育了一批走在时代前列的学子，成为浙南地区民主思想和革命火种传播的重要基地。据现有材料统计，至少有 260 名校友参加了中国共产党领导的革命队伍，其中在校时即参加中国共产党的有 70 多人。在革命和建设中，谢文锦、金贯真、郑恻尘、蔡雄等 40 多人成为革命烈士。学生参加革命队伍、在校入党及成为革命烈士人数之多，均居浙南各校之首。

2. 数学家的摇篮

温州系"数学家故乡"，温州中学素有"全国数学家的摇篮"之称，温州中学毕业生中担任过国内外知名大学数学系主任或数学研究所所长的不下 30 位，苏步青、谷超豪、杨忠道等院士均为温州中学校友。近年来，温州中学先后成为北京大学数学后备人才培养基地学校和浙江省（数学）学科基地培育学校，在校学生多次获得国际、国内各个数学竞赛奖项。比如学生欧阳泽轩荣获第 59 届国际数学奥林匹克金牌，叶立早等三位同学荣获首届丘成桐数学奖全国唯一金牌。

3. 未来科学家的摇篮

自温州中学创校以来，在各行各业为世界输送了各类创新人才，共有 12 位两院院士以及 3 位台湾"中央研究院"院士。2020 年温州中学被评为首批浙江省现代化学校，在新时期浙江省学术高中和未来教育窗口示范校建设中，温州中学秉承"为培养具有高尚人格、追求真理的领袖型、创新型人才奠定基础"的育人目标，高喊"强国有我"的时代强音，培养未来科学家，建设面向世界的创新人才摇篮。

5.2 目标确定

5.2.1 承：温州中学文化

"人本是散落的珠子，随地乱滚，文化就是那根柔弱又强韧的细丝，将珠子串起来成为社会。"[1] 同样，文化也是那根虽不起眼却又极重要的细丝，将师生、校友、学校串成整体，给校园注入活力与生命，成就百二十年的温州中学历史。而温州中学文化正是孕育在温州中学百年历史、数次校园变迁、曾经革命先烈的挥洒热血、一代代数学人孜孜不倦地传承以及面向世界创新人才的不断涌现。这些温州中学文化承载着一代代温州中学人的共同记忆，延续每一个温州中学人"英奇匡国、作圣启蒙"的使命感和自豪感。文化校园的营建，就是要传承温州中学文化，延续温州中学文脉。

5.2.2 取：浙南元素

温州作为浙南的中心城市，温州中学的文化校园建设要对浙南的地域性充分考虑，使校园融入浙南的"环境层次"之中，找到契合地域文化的共同记忆，从而获取群体认同感、归属感。

---

1 引自龙应台的《人本是散落的珠子，随地乱滚》一文。

1."七山二水一分田"的自然文化

浙南地区拥有"七山二水一分田"的地理地貌，山清水秀的自然环境也孕育了温州人的山水情节和对自然的亲和力，并使温州成为中国山水诗的发祥地。现温州中学坐落在三垟湿地，其紧邻温州市中心区，东南部有大罗山环绕，以"垟漂海面，云游水中"的水网特殊地貌而闻名。湿地规划总面积10.67平方公里，河流纵横交织且形成了161个大小不等、形状各异的"小岛屿"。三垟湿地是温州市内保持最完整的水网湿地，被誉为"浙南威尼斯、百墩之乡"。所以，温州中学的文化校园要尊重现有湿地环境，营造与自然和谐共生的山水校园。

2."耕为本务，读可荣身"的耕读文化

耕读文化是一种产生于中国封建社会早期，以农为主、自给自足的自然经济条件下，并且深受科举制度、宗法制度的影响，以亦耕亦读的方式，在土地操作基础上将田园山水与耕读生活相结合的怡情怡性的文化模式[1]。"耕为本务"蕴含对劳动、土地的讴歌，这在当代温州人身上依然烙印深刻：勤劳、团结、重人情世故、地域认同感极高。"读可荣身"表达对读书的重视，浙南地区自古就重视学校教育，文风高涨。

---

1 盛爱萍.从欧语语汇看浙南耕读文化[J].宁夏大学学报（人文社会科学版），2011，33（2）.

"七山二水一分田"的温州风貌

3. 敢为人先的海洋文化

浙南地区虽然自然资源匮乏、内陆交通不便，但因地处东南沿海和瓯江下游，自古以来就是一个贸易发达的沿海地区，而这既提供了温州人漂洋过海谋生的机会，也铸造了温州人勇闯四海、敢为人先的个性。随着 1876 年温州被辟为商埠，对外经济交流活动日益频繁，西方商品经济意识形态磨砺了温州人特有的冒险、创新的"温州精神"[1]。现如今温州人遍布世界各地，有人曾戏称"学会温州话，走遍世界都不怕"。而这进一步塑造了开放、交流、多元、创新、共生的温州人的群体个性。

5.2.3 融：校园生活

文化校园的营建不应仅体现校园文化中历史的积淀和传承，同时也应呈现当下校园生活的面貌和风采。在文化元素的选择中，历史性的文化要素是必要的内容，共时性、日常性的校园生活呈现也是重要的内容。温州中学历来重视课外活动，学校共有社团 24 个：青协、魔方社、科技制作社、棋社、文学社、数学社、英语社、舞社等。同时，日常文化活动丰富，每年都会开展各项活动，例如迎新晚会、新年音乐会、社团文化节、艺术节、体育节、科技节等，都构成了当下校园文化中最活跃的成分。

---

1 张苗荧.温州文化、温州精神与温州模式的超越[J].温州职业技术学院学报，2007，7（1）：3-6.

此时此地的少年们，作为参与者、在场者，是文化校园中最重要的部分。在"静止的"传统文化要素中，引入生长的、动态的学生日常校园生活，在时间尺度上延续温州中学一百二十周年校庆的文化校园建设，尝试建立随时间变化和积淀的新的场所内涵。

5.2.4 刻：百廿记忆

绵延性的文化校园建设，需要在时间轴上串联学校重要的"年轮"。温州中学一百二十周年，作为温州中学创建双甲子的重要时间节点，应该镌刻下独属于这个时间点的集体记忆，沉淀下这个历史时刻的文化印记。通过具有明确主题的设施，如建筑、雕像、碑亭、园林、题刻、广场等，承载一百二十周年校庆的时空记忆。这些文化印记，将成为此时此刻师生归属感、认同感的重要来源。这种方式，也是温州中学历史中常见的手段，如 1982 年八十周年校庆时，树立陈叔平先生退休纪念碑，并首次发放"陈叔平陈仲武数学奖学金"；1992 年九十周年校庆时，树立校训碑、思源碑、夏鼐铜像等。

5.2.5 迎：校友回访

在温州中学一百二十年的建校历史上，成就了数以万计的温州中学校友，他们或已离校数十年，或已散落在世界各地，但他们是温州中学文化极为重要的一部分。某种角度上说，温州中学辉煌的校史也是温州中学优秀校友的历史。借此校庆之

银杏与温州中学二十四节气

日，相信会有无数校友回访母校，但其中部分校友可能并没有在三垟湿地校区学习生活过，如何让所有校友都能拥有归属感、参与感、亲切感，是我们设计的另一个重点，而这也正体现温州中学百年历史的底蕴。

5.3　策略定制

5.3.1　步行校园

1. 人的尺度

温州中学文化校园的营建，在空间和景观这两个维度上，以人的尺度为基准，以学生心理、行为的感受为出发点，打造满足学生日常需求并功能丰富的人性化空间环境。

在空间维度上，对于广场等大尺度的空间，基于美国学者摩特洛克的研究以 3~10 英尺（1~3m）作为一个激发交流的适宜尺度进行二次细节设计，利用高差、铺装、绿化、景墙、文化小品等元素改善大尺度的空旷和单调，增加从属性的小场地，为师生的沟通和交流创造更亲切、更友好的领域感。

在景观维度上，不同尺度的景观搭配将给师生带来截然不同的体验。温州中学文化校园的营建利用植被、景观设施等营

温州中学校友捐献文化石

造从个人—半开放—开放的多层次景观空间，满足学生或独处
或交往的不同行为需求。同时强调对景观细节的把控，更多地
考虑铺装形式、座椅材质、植物的季相变化等，在人的尺度上
提供师生对环境的敏感度和感受力，形成场所感。

2. 慢速的尺度

步行作为中学生的主要出行方式，应选择人的步行尺度来衡量不同空间的标准尺寸，包括道路、广场等，并在适当位置引入校园捷径系统，增加步行易达性。在温州中学校园的交通组织上，营造人车分离，将车行交通安排在校园的边缘区域，在文化校园建设的核心区域留出步行交流空间。通过步行系统，串联起文化校园的文化节点，成为一个有机整体。

5.3.2　文化校园

将温州中学文化校园的访问路径与其日常交通道路重叠，旁通的游园休憩路径作为辅助补充，形成组合型的文化校园体系。由此将文化校园的构架体系

温州中学·漫步小径

与校园日常活动相互结合，而相对需要独立的活动则由旁通的游园休憩空间承担。借助道路形态的曲折、绿化的组织、铺装的变化、空间的开合等，载入温州中学文化校园的文化元素，形成暂时停留、延时停留、长时停留等不同性质的停留之处。暂时停留处、延时停留处以"点"的形式点缀于主线、辅助线路之中，而长时停留处则以"面"的形式与主线串联，形成层次分明、立体的文化校园空间体系。

对于文化校园的文化元素，历史叙事必须与真实的校园叙事相融合，避免简单粗暴的原样重建而变成标签式的"假古董"，而是从文化元素现有功能出发，以此时此刻温州中学学子在场性的活动去选择合适的表达方式和呈现手段。在具体实践中，要激发全体师生的参与性，正如前文所说，对于呈现物，参与制作；对于活动，参与对话。

5.3.3　文明校园

1. 赋功能

将学生的意识和行动注入文化校园的营建当中，通过空间的形式引导师生的活动内容，并以丰富多彩的空间吸引更多人的活动。同样的空间也能容纳不同的行为，用少年的活动去定义空间：台阶既可以是通过性的交通空间，可以是文化的展示空间，同时也可以是日常的休憩空间。将文化校园的空间形式分为点、线、面：点状空间的构成要素为节点；线性空间的构成要素为路径；面状空间的构成要素为场所。

2. 无障碍

建设无障碍的环境是新时代未来城市的重要组成部分，也是社会文明与进步的重要象征。故在温州中学文化校园营建中，通过实施无障碍通道、无障碍坡道、无障碍标识、无障碍厕所，实践人性化、责任感的无障碍校园。

3. 校友情

温州中学一百二十年历史成就了一代代的温州中学人，文化校园的营建不仅仅要服务于当下的师生，也要面向曾经和未来的校友。在温州中学文化校园的营建中，将为校友们留一点空白，容纳他们的参与感；沉淀一些印记，唤起他们的认同感；许一些愿望，承载他们的期待。

5.3.4 绿色校园

1. 海绵城市

温州中学校园位于三垟湿地内部，总占地面积 338 亩，具有建筑密度低、开放面积大、绿地比例高（绿化占地面的 40%）等特点。故在温州中学文化校园的营建中，开展以绿色基础设施为主体的雨水控制利用系统的建设，实践海绵城市策略。

2. 生态校园

在文化校园营建过程中，尊重现有湿地环境和原生植物，因地制宜，减少对环境的冲击；多利用可重复利用的材料，例如钢、木材、石材等，实践垃圾分类，实践低碳校园。同时，在制度上建立可持续校园的政策，推广可持续技术的应用，鼓励师生力行绿色生活、绿色消费，共创生态校园。

5.4　规划设计

5.4.1　规划结构：点线面

与凯文·林奇的《城市意象》中提出的城市空间要素："道路、边界、区域、节点和标志物"比较，温州中学的文化校园规划被设定为"点线面"三重结构。这一方面是因为毕竟校园空间范围远小于城市，另一方面也是因为文化校园营建所关注的问题也相对集中。这点有必要做一个延伸讨论。

文化校园营建存在"过宽"和"过窄"两个认知误区。"过宽"的认知将文化校园营建等同于校园建设，导致营建工作的注意力被分散。校园建设要更全面、更系统，文化校园营建不能代替解决所有问题。"过窄"的认知则将文化校园营建视同为校园景观设计，甚至只是要求在校园景观规划和设计中加入校园文化元素。过宽和过窄的两种认知均不利于文化校园营建。

温州中学·步青广场透水铺装

有趣的是，这两种认知经常还会同时存在，往往竖目标、讲道理时，把文化校园拔得过高，旗帜高涨却不能落地；而在实际建设中，又把文化当成装点门面的元素，考试、分数和排名才是重中之重，蜻蜓点水、涂脂抹粉与口号式输出的现象非常普遍。

文化校园的触角事实上会延伸到校园空间的方方面面，是一个完整的系统，只是关注重点在于校园文化。正是基于此，文化校园以"点线面"三重空间架构是合理的。对应来看，林奇的"道路"相当于线的"路径"，"区域"相当于面的"场景"，而"节点"即点。

温州中学·数学馆

　　"路径""场景""节点"基本上能涵盖文化校园的空间要素。基于一般校园空间的尺度，"边界"尽管也有认知意义，但起作用完全可以结合场景和路径来覆盖。"标志物"客观存在，而且对文化校园而言，标志物还特别重要。不过将节点和标志物放在一起讨论，对文化校园的尺度而言也足够了。校园标志物就是文化节点的一部分。

　　浙南地区"七山二水一分田"的地域风貌，以及三垟湿地"浙南威尼斯、百墩之乡"的场所特征，共同构成温州中学文化校园独一无二的空间背景。通过"路径""场景"和"节点"架构，从时间和空间两个维度，形成温州中学文化校园图景。

1. 路径

道路作为校园的交通空间，引导师生的行进路径；边界作为不同空间的分割线，暗示了师生行进的方向。温州中学的文化校园营建，利用校园现有的道路空间与边界空间，明确文化校园的方向和路径，通过"线"型结构串联各个场景的"面"，以及散布于场景中的"点"，即节点。

2. 场景

通过多个节点和路径相结合限定场所，形成具有某种特性或明确主题的领域空间，唤起师生特定的体验和共鸣。从文化校园的叙事性角度理解，"路径"是线索，"节点"是内容物，而"场景"则是"点""线""面"三者相互融合而成的特定的意义"呈现"。场所精神因此得以产生。场景营造，既构成温州中学一百二十周年校庆活动的一部分，长时段来看，发生在场景中的活动，也是温州中学校园文化不断积累和延伸的一部分。

3. 节点

节点即指那些散布在校园各场景中合适位置的文化校园的节点要素或标志物，如雕塑、小品、碑亭、木林、题刻、碑额、园林、广场等具有特殊形象和明确主题的文化设施，以及那些和学生日常起居息息相关的生活设施。节点也可以是发生在校园中的各色各样的活动。文化校园营建就是一个节点不断生长的动态的、历时性的过程。

5.4.2 温州中学文化校园规划

5.4.2.1 双线规划主轴

温州中学文化校园的营建，将车行交通安排在校园的边缘区域，在文化校园建设的核心区域留出步行空间。利用现有校园道路九山路、中山路，形成校园生活轴、校园文化轴的双线主轴规划结构，以此引导路径，串联节点。

1. 校园生活轴

校园生活轴连接北门—食堂—宿舍—英奇楼（教学楼）—超豪楼（科技楼）—西门，是师生日常学习、生活的主要轴线。沿校园生活轴，设置与学生日常校园生活相关的节点，创造多样性和可参与性的交往场所，提供有意识的活动和设施，记录学生的过去、现在和未来。让此时此地的温州中学少年作为文化校园的参与者、在场者，用自己的行为和活动赋予文化校园以新的内涵。

2. 校园文化轴

校园文化轴连接南门—校门广场—德涵楼（行政楼）—步青广场—图书馆—校史馆，是温州中学行政、文化、历史的主要轴线。沿校园文化轴，点缀具有特殊形象和明确主题的校园文化要素，在留下温州中学一百二十周年"年轮"的同时，因地制宜地营造立体、多层次、灵活多样的参与性空间系统，形成绵延性的文化校园建设，塑造一代代温州中学人的认同感、归属感。并且，通过与校友们的互动，沉淀他们的集体记忆，唤起他们曾经的记忆，找到属于他们的归属感。

5.4.2.2　分区场景规划

以温州中学一百二十周年为契机，学校提出了"匡国志·强国梦·创未来"的分区场景规划理念，按照不同的文化主题，分区建设如下文化校园场景。

- 百年学府与先贤办学。

- 进步学生的摇篮。

- 未来科学家的摇篮。

5.4.2.3　节点规划

节点按照要素性质的不同，可分为如下几类：雕刻/石碑类、构筑物、标语、楼名、室内、校友捐赠。针对现阶段温州中学文化校园建设的短板和不足，设置文化节点。例如：百廿校史人文历史素养的缺失——复建校门；百廿校史育人作用的缺失——美育小岛；师生参与度不够——步青广场改造；校友参与感不足——匡国小道……

温州中学·匡国小道

在温州中学匡国小道上，沿湿地设置的条形石凳作为校友互动的节点，为校友参与校园文化建设预留了空间。

文化校园的节点营造不应仅是固定的、静止的一次性设计，而应该是生长的，随时间、需求变化和沉淀的"活的"持续性设计。本次节点规划，仅作为一个引子，提供有意识的行为和方向。在时间的灌溉下，在全体温州中学学子的参与下，不断生长的文化节点，将成就独属于温州中学的文化校园。

5.4.2.4　分期建设规划

文化校园的营建不是一朝一夕完成的，本次设计在温州中学现有文化节点的基础上，分三期建设。一期建设项目（2021年2月—2022年9月），以校园文化轴为路径，建设从学校南门至校史馆的温州中学文化校园核心带，为2022年10月的一百二十周年校庆献礼。二期建设项目（2022年11月—2023年12月），以校园生活轴为路径，建设从北门到步青广场的文化节点。三期建设项目（2024年1月—2025年12月），完成从东门到西门、南门到北门的互动、立体、交叉文化校园的整体建设。

5.4.2.5　校友互动规划

本次设计为校友互动提供了多种可能性，以满足校友的不同需求。首先，设置节点为回访校友提供合影留念场所。其次，再现曾经的历史印记，唤起校友们的共同记忆。再者，在适当节点位置留白，为校友捐献提供可能性，比如校园生活长轴的树池、大台阶改造及匡国小道座椅等，增加校友的归属感、认同感以及参与感。

5.5　场景与节点

温州中学文化校园一期建设从学校南门至校史馆的温州中

学文化校园核心带，为百廿校庆献礼。设计沿校园文化轴，依次串联若干文化节点，并塑造三大文化主题场景：百年学府与先贤办学、进步学生的摇篮、未来科学家的摇篮。通过三大主题场景呈现温州中学校园文化，实现文化寻根，历史与现实相互映照，让文化的源泉为温州中学未来教育现代化学校建设提供强大支撑和澎湃动力；塑造一代代温州中学人的集体记忆，激发他们的认同感、归属感以及自豪感。

5.5.1　百年学府与先贤办学

在校园文化轴的起点上，依托复建校门、春草池、怀籀亭、籀公祠等温州中学历史文化载体，展现温州中学从中山书院到温州府学堂、六大校区的变迁，凸显温州中学为浙南地区千年官学传统的正统继承者；通过孙诒让雕塑、刘绍宽雕塑等节点，展现温州中学先贤的开拓精神、以教兴国的匡国之志；以《温州府官立中学堂暂定章程》的景观墙，表现温州中学的依法治校为温州地区最早，亦是全国先驱。

设计以"湿地绿岛，历史纽带，蓝色长河，面向未来"为概念，将学校历史和学生的日常学习生活相结合。整体布局上弱化空间轴线，重视叙事轴线，拉长人们游历的路径，在景观中自然地融入文化节点，移步换景，在行进之间感受温州中学百廿的历史。

"百年学府与先贤办学"文化场景鸟瞰图

三垟湿地鸟瞰图

1. 湿地绿岛

从校园所在的三垟湿地汲取设计灵感，尊重湿地之形，将绿岛与水域元素融入场地的景观设计，通过流动的空间组织"岛状"景观绿化，在流动的线条之间将新时期湿地学校的特色加入学校历史的印记中。

2. 历史纽带

从温州中学历史上的"六址"中，提取沉淀了一代代温州

240

中学学子集体记忆的文化元素：四大校门（中山书院校门、仓桥校区校门、道司前校区校门、九山校区籀园门），春草池，怀籀亭，籀公祠，《温州府官立中学堂暂定章程》，作为串联温州中学过去、现在和未来的历史纽带。

　　复建校门作为本场景的序曲，迎宾引导，展开叙事，开启轴线。在场地核心区域设置隐喻仓桥校区春草池的净水面，并将两座校门立于其中，既丰富了空间层次，同时也回应了湿地水中有岛、岛中有水的环境。在场地空间轴线的尽端设置籀公

像素化的复建校门

祠，即强调了空间的纵深感，引人入胜，同时也是整个场景的叙事高潮。怀籀亭邻水而建，立于镜水景观之上呼应水景，并和亲水平台与美育小岛形成对景。在叙事轴线的终点结合绿化设置《温州府官立中学堂暂定章程》景墙，与起点呼应，有始有终。

对于这些现已不复存在的文化载体，如何避免简单粗暴的原样重建而变成标签式的"假古董"，是本次设计的重点。所以设计从现有功能出发，以此时此刻温州中学学子在场性的活动去选择历史纽带的"编织方式"。

四大校门在本场景中，已失去了曾经作为校门定义空间内外边界的作用，而是成为纪念学校变迁的印记以及温州中学一路走来的里程碑。故设计采用像素化的构图原则，利用模数化的石材，堆砌构筑四大校门，在抽象与具象的平衡中达到模糊细节的现代演绎。

　　籀公祠原是为纪念孙
诒让先生[1]而设，为木构
三开间的歇山顶建筑。现
温州中学决定复建籀公
祠，将其作为学校的礼
堂，在满足日常师生沟
通、学习、讨论的功能
外，还需满足100人的
会议室功能。单纯原样复
建籀公祠已无法满足现有
功能要求，传统木构的结
构体系也无法支撑礼堂的
体量。所以设计提取原籀
公祠的形式语言——歇山
顶、三开间、格子窗，平
面布局上满足现有礼堂功

1　孙诒让：1848—1908，浙江
瑞安人，字仲容，号籀庼。

"远看为古、近看为现"的籀公祠复建

能，建筑材料上采用金属屋面、钢材等现代材料，达到"远看为古，近看为现"的效果。既能唤起温州中学人的共同记忆，同时也能将籀公祠这一文化载体融入学校真实的、日常的活动，焕发新生。

怀籀亭保持了其原有停留空间的功能，故选择基于历史史料的原样重建。温州自古以手工业发达著称，木构技术在我国历史上有很高的地位，泰顺廊桥即是其中的代表。怀籀亭的复建，在再现过往的校园历史的同时，也很好地展现了温州地域技艺，唤起归属感。

历史载体与景观小径

3. 蓝色长河

　　用温州中学蓝颜色石材构建以时间为序列的历史主题节点：温州中学历史轴。蓝色历史轴随叙事轴线蜿蜒前行，利用镌刻重要时间节点的历史事件谱写温州中学历史，并引导流线串联孙诒让雕像、刘绍宽雕像、四大校门、籀公祠以及若干文化小品。更重要的是，这是一条未完待续的时间轴，给未来温州中学的无数可能预留了空间，期许此时此刻、某时某刻的温州中学少年能留下属于他的印记。

4. 面向未来

　　"百年学府与先贤办学"的文化主题，绝不是标签化的历

"进步学生的摇篮"文化场景鸟瞰图

249

史、口号化的历史，而是以史为鉴，面向未来。温州中学的少年即温州中学的未来，要在所有文化节点中引入学生的活动，融入少年们的学习中、生活中，被使用、被解读，使少年们建立起与学校积极而有意义的联系，产生停留的空间与思考的契机。例如，文化景墙结合室外座椅，提供了单个班级课外活动的空间，空间是固定的，但行为是多样的，活动是可变的，少年们将用自己的行为赋予其以新的内涵。

"万籁此俱寂，但余钟磬音"的美育小岛

5.5.2 进步学生的摇篮

"进步学生的摇篮"文化场景位于实验楼南侧，荷花池东侧，虽位于湿地之中，四周荷花环绕，景观环境相当优越，但因空间缺乏可停留性和吸引力，师生使用率极低。校方期许通过学生进步期刊、温州中学剧团、老校区被炸纪念碑等红色记忆展现温州中学为中国抗日战争事业作出的牺牲，以及温州中学学子进步、科学、爱国的精神特质。

1. 尊重场地

本场景的营造尊重小岛所在场地静谧、素雅、秀美的氛围，以"哲思之角·美育之径"为主题，让文化载体以润物细无声的方式融入场地，让学生在微风、阳光、鸟语、花香间与温州中学历史不期而遇，体验温州中学点滴红色印记，"万籁此俱寂，但余钟磬音"。

通过对场地的实地考察和分析，对场地中沉淀了现有校园记忆的载体予以尊重和保留。修整入口连接对岸的九曲桥，并在两侧种植红花继木，在保留原有集体记忆的同时，增加入口空间的引入感。尊重原有小岛中的植物元素，延续荷花与水生植物环绕小岛的状态，保留较大规模的榕树并进行适当的修剪，仅在合适位置增加白玉兰作为景观花乔木，以其品质高洁、友谊真挚的含义契合美育小岛的理念，期许学生能够在这得到心灵的感染，争相做品质高洁之人。

在景观形式的塑造和材料的选择上，力图表现出基地所承载的内在信息，使场景精度符合场地所固有的"风景的精度"。选择整石垒砌、原木饰面、原石地面，将景观"粗犷化"，将小岛景观与湿地风景的那种粗犷（低精度）达到和谐统一。在郁郁葱葱的树木掩映之下，流动的路径和石凳，若隐若现，宁静，淡泊，自然而不造作，不但谦虚地融入了自然，还成为自然景观的亮点，增添了活力和灵气。

流线型的"美育之径"

2. 重塑空间

场景的"美育之径"呼应小岛流线之形，以蜿蜒曲折的形式巧妙延伸活动流线，创造了移步换景、开合有致的多层次空间体验；以飘逸的丝带的形式形成自己的叙事基底，并与"百年学府与先贤办学"场景互为对景，产生和而不同的空间组合；同时兼顾温州中学本部与南侧新疆部校区通行的需求。

流动的空间蜿蜒前行，在层级台阶的空间形式中点缀一个个小型的活动空间——哲思之角，为师生的停留、思考、活动提供了空间和可能性。退台的墙面本身也将作为展示面，如同织锦图案一般徐徐展开"文锦讲台""校史期刊""剧社小舞台"等温州中学校园文化印记。退台背后以平缓斜坡逐渐过渡

融入环境、润物无声的入口九曲桥及"老校区被炸纪念碑"

到水岸边，辅以水生植物的围合，让空间更为私密和娴静，成为一处处学子安静休息或读书的角落。

人们通过身体、行为与场地接触来认知场所，空间因为被意识所投射才形成了有质感的空间记忆。通过对美育小岛空间的塑造，建立了温州中学少年与校园新的联结，在如此美的环境中孕育共同记忆和归属感。

3. 点缀节点

小岛中部设立一处"老校区被炸纪念碑"，以钢结构红棕色框架为主要形式，以一定的角度上翘，既是对校区炸后断壁残垣的形式抽象，也象征着学校不畏侵略的意志。结构中间下垂一条条钢丝，串联照片与时间事件的文字组件，形成半透明的展示面，将四二八之殇与水南明志的那段岁月明确化。雕塑之下为岛中荷池，一座平缓拱桥横跨纪念碑之门，延续路径，串联空间，既保留了原有小岛池桥记忆，也象征学校对于峥嵘岁月坚毅地跨越走向新的时代，是一处具有纪念意义的叙事节点。

整个节点塑造与空间、流线、景观融为一体，不刻意、不用力、不沉重。当风吹过时，钢丝串联的"文字"发出窸窸窣窣的碰撞，温州中学少年缓缓走过池桥，这一刻里历史和现在有了共鸣，文脉得以传承。

5.5.3 未来科学家的摇篮

步青广场位于温州中学校园的中心，面积约为7000平方米，与图书馆、教学楼、科技楼等的布局结合在一起，广场成为联系建筑的过渡空间，日常师生使用频率高。但由于步青广

"未来科学家的摇篮"文化场景鸟瞰图

场空间形式单一，缺乏可停留、休憩的空间，各种使用设施也较为缺乏，导致广场空间品质不足，缺乏亲和力、归属感，日常仅作为师生通过性的交通空间而存在。

故本次文化校园设计以步青广场为中心，结合步青广场改造、学生工作室、教学楼架空层改造、图书馆大台阶改造以及毓琇园等节点，打造人性化的校园文化广场空间，营造"未来科学家的摇篮"的文化场景。通过文化节点嵌入创造学生活动的空间和场所，增加学生沟通交流的机会，展现温州中学学子丰富多彩的课余活动，激发学生的创作力、活力，培育勇于面对世界的大格局，以期待孕育出更多的未来科学家。

1. 交通梳理

由于原校园规划中对汽车交通量和停车问题的认识不足，温州中学存在人车混流、停车空间严重不足等问题，这就造成拥有大面积硬质铺地的步青广场车辆穿行、乱停放等问题。本次设计首先就是要梳理交通，在"未来科学家的摇篮"的文化场景中营造人车分流的步行空间。

将车行交通安排在校园的边缘区域，沿科学楼、行政楼西侧道路设置路边停车及西门停车场，共可提供 100 个停车位，其中西门停车场 46 个车位，路边停车 54 个车位，从而满足温州中学现有的停车需求，营造步青广场的步行空间，将广场完整地还给师生。

2. 空间界定

现步青广场的边界由南北侧教学楼、东侧图书馆及其连廊、教学楼至科学楼连廊以及南侧湿地水域所限定，形成不规则形状的广场基面，缺少空间的领域感和视觉的焦点、中心性。大面积的连续硬质铺地与教学楼架空层形成生硬的边界，地质沉降产生的界面破碎更加重这种割裂感，使得广场与周边建筑脱离；广场南侧的绿化景观，又在空间和视线上阻隔了广场与湿地的对话。故本次设计利用绿化与铺砖重新界定广场空间，塑造更具活力和生气的、能与学生对话、与湿地对话的场所。

设计以广场的中心为基准，以"豌豆型"作为绿化与硬质铺地的边界，将广场西侧、西南侧原有绿化延伸至教学楼，既丰富了广场的空间层次，软化广场界面，同时也是作为防坠落的功能性绿化，提高校园的安全性。"豌豆型"的硬质铺地营造的向心性，给人以强烈的引导性和表现力，也正契合"未来科学家的摇篮"中"摇篮"的意向。从"摇篮"伸出若干"触角"至广场各入口、教学楼架空层、图书馆、湿地滨水小道，引导人流，增加广场和架空层的可停留性和利用率，营造活泼、积极的氛围，并将广场、连廊、教学楼架空层、图书馆串联成统一的整体。同时，在尊重湿地景观的基础上，增加湿地的可达性，创造学生与湿地互动的可能性，将湿地景观引入广场，拓宽广场的视线和心理边界。

3. 中心空间与边缘空间

广场的中心区域是视觉的焦点，是空间的核心，而中心具有群体性、公共性、开敞性、认同性、向心性、群体占有等意象[1]。故在广场的中心嵌入温州中学的校徽铺砖，形成广场构图的重心，对场地产生一定的控制力，形成向心性的景观节点。

---

1 薛超.大学校园文化广场人性化的空间环境设计研究[D]. 武汉：华中科技大学，2008.

步青广场的中心空间

　　广场的边缘空间处于不同空间边界的区域，具有独特的多样性，蕴含一种半公共的态势而给予人以安全感，所以人们往往更愿意在广场的边缘空间停留、活动或是交流。在步青广场的边缘空间，即"豌豆型"的边缘，利用地面铺砖变化、室外座椅、植物绿化、学生工作室、苏步青先生雕塑等，将空间进行多层次的嵌套，塑造丰富多彩的边界形式和可停留的空间，吸引学生的不同行为、活动。弧形的边缘，曲折而富于变化，更赋予了广场空间亲切的人性化特性，创造了可辨识的个性化广场空间。

4. 以人为目标

步青广场的面积约 7000 平方米，它特别适合开展以绿色基础设施为主体的雨水控制利用系统的建设。所以在广场铺砖的选择上，采用陶瓷透水铺砖，在满足应急消防车行驶强度的基础上，契合海绵城市的要求，营造绿色生态校园。

人的学校当然应该满足人的尺度，在选择广场铺砖的大小、质地和具体铺设形式时，要符合人的尺度和比例，以及同样重要的是，对应人的步行速度。所以在广场中采用 150mm × 300mm × 55mm 小尺寸的陶瓷透水铺砖，以 300mm 为模数，铺设 300~1200mm 间距的两种灰度（浅灰—中灰）同心圆，形成在人的步行速度下适宜的广场铺砖变化，丰富人行走时的空间感受。当边界的"线"与同心圆的"线"交叉时，通过相同材质不同颜色的反相处理，"伸出触角的豌豆"的图底关系得以呈现，空间得以界定。人尺度下的同心圆，强化了广场的向心性，提高了中心区域校徽铺砖对于广场的控制力，潜移默化下增强温州中学学子对学校的认同感。

广场的改造同样要符合人们的步行行为习惯——抄近路，人总是习惯选择最短的路径沿直线行走，故设计在上述地面铺砖基础上，加入捷径系统，引导快捷路径。捷径采用和同心圆相同的中灰陶瓷透水砖铺设，仅在与浅灰相交处增加 50mm 宽度的浅灰线条，从而完美融入同心圆的构图中，增加了步行尺

少年志
中学文化校园营建路径

毓秀园

度下的细节感知。

5. 节点塑造

"未来科学家的摇篮"场景在步青广场的改造基础上，嵌入若干文化节点，为学生丰富多彩的活动提供了多层次空间和可能性。

（1）毓秀园

毓秀园通过高三教学楼架空层改造、教学楼南侧景观改造，将广场空间扩大至毗邻湿地，引湿地景观融入校园场景，提高沿湿地岸边的可达性和利用率，为学生营造良好的景观氛围。该节点根据学生的不同需要，营造了室内—半室外—室外多维度的学生活动空间：在架空层嵌入学生工作室、沿湿地一侧架空层设置木制条凳、在架空层设置布置灵活的可移动展板、结合教学楼周边防坠落绿化设置景观休闲座椅，为学生交流创造提供了各种可能性，从而激发学生的创新与活力。结合室外景观布置，将优秀学长/姐的文化融入学生日常活动之中，利用镂空背影展示优秀学长/姐求知经历和事业成就，激励温州中学学子追随学长/姐的背影，成就温州中学的未来。

（2）图书馆大台阶

现有图书馆大台阶为面砖贴面，经过 20 来年的岁月侵蚀，已残破剥落。故本次在原有结构的基础上改造，利用整石堆叠的方式，增加其耐久性。同时，在适当位置结合校园文化设置木塑板座位，增加大台阶的可停留性。利用现有弧墙洞口，用竖向高强度钢丝取代原有栏杆，并将其作为一个悬空的展板，按照需要嵌入文化展示内容。

6. 学生参与

"未来科学家的摇篮"作为与学生日常学习、生活息息相关的文化场景，需要师生的共同参与和在场，才能得以成立。本次设计为师生的参与提供了各种可能性。其一是直接参与制作，比如学生工作室，以玻璃盒子的形式嵌入广场空间，其玻璃面用于展现温州中学过去、现在、未来的文体活动，将历史与现代相

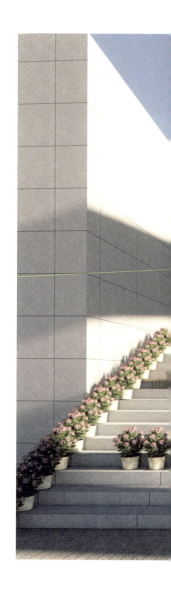

图书馆大台阶

结合。玻璃贴膜的设计、制作可以让社团或学生直接参与，增加学生的积极性、认同感，真正将学生活动融入校园场景。玻璃贴膜的形式，也为未来更换展示内容提供了可能性和便利性，使得学生的参与可以具有持续性、绵延性。其二是构建灵活、可变的载体，让学生参与再制作。比如图书馆大台阶的钢丝展板，提供了适当的留白，赋予学生参与的空间。

对于曾经的学生——校友来说，本场景同样为他们预留了空间，比如图书馆大台阶的木塑板座位，通过让校友捐赠认领，在石材上镌刻下校友寄语，既增加了校友的参与感、认同感，同时也是对此时此刻温州中学学子最好的激励。

5.6 温州中学精神与少年精神

5.6.1 独属于温州中学的场所精神

温州中学的场所精神，即温州中学文化校园所要传达的精神，是温州中学文脉和浙南地域性的碰撞，是与自然和谐共生的山水情节，将山水与教育相结合的怡情怡性的文化模式，是以"百年学府与先贤办学"为源头，以"进步学生的摇篮""数学家的摇篮""未来科学家的摇篮"为核心文化，以校训"英气匡国，作圣启蒙"为行动纲领，以"舒根化种，击磬弘音"为办学理念，塑造"匡国志·强国梦·创未来"的学校精神，在润物无声的氛围里培养"大格局，小清新；诚其意，匡国志"的温州中学少年。

5.6.2 温州中学的少年

温州中学的少年，首先是少年，是非功利的、进取的、未来的；其次是温州的少年，血液中蕴含了温州人勤劳、团结、敢为人先、开放、多元、创新的温州人群体个性；最后是温州中学的少年，有"见自己、见天地、见众人"的大格局，有"心有猛虎，细嗅蔷薇"的小清新，是"格物致知，正心诚意"，更是"英气匡国志高远"。

5.7 温州中学文化建设示例

文化校园设计要素整理

温州中学百廿历史中，蕴含"一源六址三摇篮"的文化符号，以"创新源流""校史变迁""进步学生的摇篮""数学家的摇篮""未来科学家的摇篮"作为设计要素，营建温州中学的文化校园，以唤起一代代温州中学人的集体记忆、认同感、归属感。

文化校园设计理念归纳

温州中学的文化校园营建，以"承温州中学文化、取浙南元素、融校园生活、刻百廿记忆、迎校友回访"为设计理念，既体现温州中学历史、文脉、地域性的积淀和传承，同时也呈现共时性、日常性的学生校园生活。在"静止的文化要素中，引入生长的、动态的学生活动，容纳校友的归属感和参与感，在镌刻下独属于温州中学百廿年轮"的同时，建立随时间变化和成长的场所。

少年志
中学文化校园营建路径

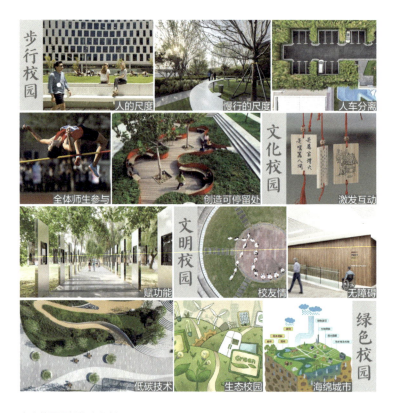

文化校园规划策略定制

以人的尺度、慢速的尺度打造人车分离的步行校园；鼓励全体师生参与，激发人与空间的互动，打造文化校园；将由爱心、无障碍、校友融入文化校园建设，打造文明校园；结合海绵城市、低碳技术、可持续技术，打造生态的绿色校园。

北门

食堂卫生间
直饮水
校园生活轴
校园生活长廊
校史馆展示提升
停车优化
校史人物雕塑
廉政文化长廊
葡萄架
文化展示
校史馆
架空层改造
文化展示
景观石
校园生活长廊
大台阶改造
校史馆
西门
风车岛
步青广场
停车优化
弧墙浮雕
沿湖景观改造
毓秀园
数学馆
思贤桥
校园文化轴
停车场
党建文化长廊
匡国小道
合影幕
九曲桥
怀箬亭
美育小岛
校友椅
滨水平台
籀公祠
复建校门
校门广场
南大门
孙诒让、刘绍宽雕像
南门

雕塑\石碑类
构筑物
广场\景观
室内
标语
校友捐赠

文化校园规划总图

以一百二十周年校庆为契机的温州中学文化校园营建，通过节点和路径相结合，营造多层次、多维度的文化场景，既能在短时间内为温州中学一百二十周年校庆添彩，同时也能在长时间内提供有意识的行为和设施，使校园文化随时间不断积累、衍伸、沉淀，成就独属于温州中学的文化校园。

少年志
中学文化校园营建路径

双线主轴规划

温州中学文化校园的营建，将车行交通安排在校园的边缘区域，在核心区域留出步行空间。利用现有校园道路，形成校园生活轴、校园文化轴的双线主轴规划结构，以此引导路径，串联节点。

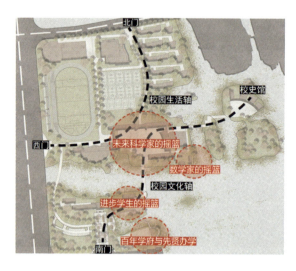

分区场景规划

温州中学以"匡国志·强国梦·创未来"的分区场景规划理念，按照不同的文化主题，建设如下文化校园场景：百年学府与先贤办学；进步学生的摇篮；未来科学家的摇篮；数学家的摇篮。

分区建设规划

温州中学文化校园分三期建设：
一期建设项目，建设从学校南门
至校史馆的文化校园核心带；二
期建设项目，建设从北门到步青
广场的文化节点；三期建设项目
文化校园的整体建设。

校友互动规划

本次设计为校友互动提供了多种可能性，以满足校友合影留念、唤起记忆、校友捐
赠的各种需求。

少年志
中学文化校园营建路径

文化校园场景示例（1）：百年学府与先贤办学场景

在校园文化轴的起点，依托复建校门、孙诒让雕像、刘绍宽雕像、春草池、怀籀亭、籀公祠等节点，唤起温州中学人的集体记忆和文化认同感，塑造温州中学百年学府与先贤办学的文化主题场景。

九曲桥
匡国小道
美育小岛

文化校园场景示例（2）：进步学生的摇篮

在实验楼南侧有匡国小道、九曲桥、美育小岛等节点，营造"进步学生的摇篮"文化场景，展现 1919—1949 年温州中学学子兴办进步期刊、温州中学剧团、读书会等进步形象，展现温州中学学子进步、科学、爱国的精神特质。本场景的营造尊重小岛所在场地静谧、素雅、秀美的氛围，以"哲思之角·美育之径"为主题，让文化载体以润物细无声的方式融入场地，让学生在微风、阳光、鸟语、花香间与温州中学历史不期而遇，体验温州中学点滴红色印记，"万籁此俱寂，但余钟磬音"。

文化校园场景示例（3）：未来科学家的摇篮

以步青广场为中心，结合步青广场改造、学生工作室、教学楼架空层改造、图书馆大台阶改造以及毓琇园等节点，打造人性化的校园文化广场空间，营造"未来科学家的摇篮"的文化场景。通过文化节点嵌入创造学生活动的空间和场所，增加学生沟通交流的机会，展现温州中学学子丰富多彩的课余活动，激发学生的创作力、活力，培育勇于面对世界的大格局，以期待孕育出未来科学家。

文化校园节点示例（1）：数学馆

改造现有数学馆建筑，在保持原有结构和建筑造型的基础上，利用数理化图形拼贴的建筑立面，塑造立体几何体块般抽象的建筑体块，诠释温州中学作为数学家的摇篮的校园文化。

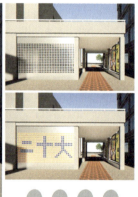

文化校园节点示例（2）：过
道改造、合影幕、校史馆

过道改造、合影幕、校史馆
等节点，增加学生的参与感
和归属感，同时也为校友们
提供了参与的可能、互动的
场所。

6

展望：

拟稿初成待春风

乌桕

6.1 中学文化校园体系

6.1.1 理　念

总结起来，文化校园营建的理念，是以少年精神为内核的；或者说，是以场所精神引动、焕发和守护少年精神为目标的。

文化校园营建尝试在应试教育的阴影下拯救少年精神，因此，也不赞成诸如"素质教育""对话式教育""主体性重建""人文性关怀""去中心化体验"和"立志教育"等一系列以"教育"为目标的尝试，旨在走出传统教育思维的藩篱，而以校园为载体、以文化为内容，通过呈现和参与的方式，引动少年们的情感，进而抵达他们的内心。

文化校园营建以人为目标，倡导人本、客观、绿色和节俭的理念；以美为目标，主张以美的环境，涵养美的态度，催生美的行为，最终实现人的养成。

6.1.2 结　构

文化校园是环境、制度和运维三位一体的校园系统。

环境是文化校园营建的主要对象。通过对传统、地方和未来等文化因素的整理、吸纳和载入，将校园从应试教育的"营地"，转变成为少年精神的家园。

制度是文化校园营建中属于软件的那部分，而运维是文化校园持久力的保障。本书没有更多涉及这两方面的内容，只是结合环境营建的需要，对制度和运维体系提出了要求。

从环境营建角度，结合呈现式的要求，本书提出了"路径＋场景＋节点"的文化校园基本空间结构。需要指出的是，"路径＋场景＋节点"模式只是对文化校园环境营建模式的一种示例，结合不同的情况，完全可以发展出更多更好的环境营建模式。

本书所讨论和关心的重点在于场所营造，关心如何实现从场所的营造通往内心的营造，关心文化校园的场所精神、文脉和符号如何抵达少年，最终成为其内心的自觉。本书设定了这样一条路径：从与少年相契的精神出发，建立与精神一致的目标，找到与目标吻合的策略，营造由策略导向的场所，最后，通过由场所引动的情感，抵达由情而生的意义。

由"精神—目标—策略—场所—情感—意义"系列结构设定的文化校园营建路径，是本书的核心内容。

6.1.3 载体和内容

文化校园的载体，归根到底就是校园。

文化校园以慢校园梳理节奏，以空校园留出空间，以动校园激发行为，以轻校园设定标准，从而形成完整而有层次的校园体系。本书对此进行了详细的论述。

完整的校园包括场地、建筑、绿化环境、设备环境等一系列内容；完整的校园设计包括从校园规划、建筑设计、室内设计、环境设计和标识导引设计等各个方面；完整的校园形象包括风格、材料和色彩等各种因素，这些都是文化校园的重要因素。本书以文化校园营建路径为主线，未对以上内容进行展开论述。这些内容都是未来可以拓展研究的重点。

当然，按本书的主张，丰富多彩的文化活动，才是文化校园的核心载体和关键内容。不过具体的活动设定，属于另一个领域，本书只是结合讨论场所营建的需要有所论及，未加系统研究。

另外，文化校园所谓的文化，包括传统文化（包括地方人文传统和校史），地方文化（自然和社会环境）和未来文化（教育目标、社会目标）等，均属于文化符号的一部分，也是文化校园营建的重要内容。本书结合文化校园对价值观塑造的目标，对此有所讨论，也未加以系统整理。

6.2　课内课外的统一

有一点非常重要，文化校园营建，继承传统，立足当下，但关心的是未来。因此，需要指出，本书对文化校园营建的重点在于"课外"的主张，是一种针对当下现实的临时性的主张。本书所真正主张的校园或者说文化校园，不应该是课内、课外两分的、割裂的校园；本书所主张的教育理念，也不是课内课外背道而驰的教育理念。本书关注未来的可能。

未来，当教育能走出应试教育的阴影，课内课外应当是统一的。课内和课外，应当只是时间段的区别，只有内容侧重上的差异，而不存在其他更多的区别，尤其在评价模式和价值观上，应当是高度一致的。考试和分数并没有原罪，当未来不再仅仅以考试和分数作为唯一标准，并过分功利性地加以利用时，考试和分数也可以成为文化校园营建手段的一部分。这才是可以期待的未来教育的真实、全面的面貌。

未来的校园，或者说未来的文化校园，也是课内课外高度统一的文化校园。主张将文化校园建在课外只是一种暂时性、策略性的主张，未来的文化校园，应当同时站在课堂之内和课堂之外。

这也许就是未来教育的目标，或者是未来目标的一部分。

6.3　文化少年说

文化校园营建真正指向者，是少年。

少年是校园天然的主人。文化少年是文化校园的原因，也是其结果。

　　文化少年是自信的。世界那么大，这就给了他足够的理由自信。他的疆域无限，他的可能性同样无限。这里有最好的师友、最美的环境、人生最丰厚的馈赠。

　　文化少年是谦逊的。世界那么大，他不得不谦逊。无论已知有多广大深厚，都有更多的未知等待被发现。无论过去有多久，未来有多远，此时此刻都同时在场。这就是文化校园。

　　文化少年是耐心的。世界那么大，没有足够的耐心到不了。时间在等待，万物在生长。这就是文化校园。

　　起来吧，少年！世界这么大。

　　少年是每一个人生刚成形的初稿，文化校园将是最好的稿纸。此时此刻，拟稿初成，春风将至。文意盎然的稿纸上写满了故事，但也留着空白，让少年们有机会做点"无用"之事。他们将因此立下一生之志，然后从这里走出去，以波澜壮阔的行动，去实践、去完成、去超越。

　　是的，去超越。最重要的是超越。

　　一个人仅仅完成一生是不够的，每个一生都应当有机会延伸至无限，不仅仅指长度，也不仅仅指宽度，更重要的是纵深，直入意义的彼岸——向外抵达世界，向内抵达心灵，内外

椴树
StevenMao

温州中学·椴树

温州中学的椴树，正在并将要见证一代代温州中学少年的奔跑与超越，守护他们的成人礼。

286

同时抵达，一生才足够完整。而这可能性的起步，应当发轫于此刻少年时。

出发吧，少年壮志不言愁。事务实，志尚虚。这是文化校园最重要的训条，如果需要信条的话。

文化校园是守护少年精神的场所，与少年们共同成长。让每一季毕业典礼，都成为场所精神的成人礼、文化少年的成人礼。这就是文化校园的营建路径。

路已经在了，奔跑吧，少年！

参考文献

1. 王阳明.王阳明全集[M].杭州：浙江古籍出版社，2011.

2. 孔子.论语[M].陈晓芬，译注.北京：中华书局，2016.

3. 左丘明.左传[M].杜预，注.上海：上海古籍出版社，2016.

4. 布拉福特·帕金斯.中小学建筑[M].舒平，等译.北京：中国建筑工业出版社，2004.

5. 布莱恩·劳森.空间的语言[M].北京：中国建筑工业出版社，2003.

6. 卡尔·马克思，弗里德里希·恩格斯.马克思恩格斯全集（第46卷上）[M].北京：人民出版社，1979.

7. 卡尔·雅斯贝尔斯.什么是教育[M].童可依，译.北京：生活·读书·新知三联书店，2021.

8. 冯骥才.思想者独行[M].石家庄：花图文艺出版社，2005.

9. 司马迁.史记[M].北京：中华书局，2014.

10. 扬·盖尔.交往与空间[M].何人可，译.北京：中国建筑工业出版社，2002.

11. 亚历山大·楚尼斯，利亚纳·勒费弗尔.批判性地域主义[M].王丙辰，译.北京：中国建筑工业出版社，2007.

12. 亚伯拉罕·马斯洛.动机与人格[M].许金声,译.北京:中国人民大学出版社,2007.

13. 伊恩·伦诺克斯·麦克哈格.设计结合自然[M].芮经纬,译.天津:天津大学出版社,2006.

14. 伊曼努尔·康德.论教育学[M].赵鹏,何兆武,译.上海:上海人民出版社,2005.

15. 刘先觉.现代建筑理论[M].北京:中国建筑工业出版社,2000.

16. 刘易斯·芒福德.技术与文明[M].陈允明,王克仁,李华山,译.北京:中国建筑工业出版社,2009.

17. 刘易斯·芒福德.城市发展史[M].宋俊岭,倪文彦,译.北京:中国建筑工业出版社,2005.

18. 安东内拉·胡贝尔.地域·场所·建筑[M].焦怡雪,译.北京:中国建筑工业出版社,2004.

19. 约翰·西蒙兹.景观设计学[M].俞孔坚,等译.北京:中国建筑工业出版社,2000.

20. 约翰·阿莫斯·夸美纽斯.万千教育·大教学论[M].刘富利,赵雪莉,译.北京:中国轻工业出版社,2018.

21. 约翰·洛克教育片论[M].熊春文,译.上海:上海人民出版社,2005.

22. 芦原义信.外部空间设计[M].尹培桐,译.南京:江苏凤凰文艺出版社,2017.

23. 克莱尔·库珀·马库斯，卡罗琳·弗朗西斯.人性场所[M].俞孔坚，王志芳，译.北京：北京科学技术出版社，2017.

24. 克鲁克洪.文化与个人[M].高佳，等译.杭州：浙江人民出版社，1986.

25. 李才栋.中国教育管理制度史[M].南昌：江西教育出版社，1996.

26. 李德顺.价值论[M].北京：中国人民大学出版社，2007.

27. 吴良镛.中国建筑文化研究文库：总序（一）——论中国建筑文化的研究与创造[M].武汉：湖北教育出版社，2002.

28. 吴家骅.景观形态学[M].北京：中国建筑工业出版社，1999.

29. 伯特兰·罗素.罗素自传（第二卷）[M].北京：商务印书馆，2003.

30. 伯特兰·罗素.教育与美好生活[M].张鑫毅，译.上海：上海人民出版社，2017.

31. 余清臣.学校文化学[M].北京：北京师范大学出版社，2010.

32. 沈克宁.建筑现象学[M].北京：中国建筑工业出版社，2007.

33. 沈克宁.建筑现象学[M]. 2版.北京：中国建筑工业出版社，2016.

34. 张泽慈.中小学校[M].北京：中国建筑工业出版社，2002.

35. 张宗尧，李志明.中小学建筑设计[M].北京：中国建筑工业出版社，2004.

36. 陆地. 建筑景观的生与死——历史性建筑再利用研究[M]. 南京: 东南大学出版社, 2004.

37. 阿·托尔斯泰. 苦难的历程[M]. 南京: 译林出版社, 1997.

38. 阿尔弗雷德·诺思·怀特海. 教育的目的[M]. 徐汝舟, 译. 北京: 生活、读书、新知三联书店, 2002.

39. 阿尔多·罗西. 城市建筑学[M]. 黄士钧, 译. 北京: 中国建筑工业出版社, 2006.

40. 阿莫斯. 拉普卜特. 建成环境的意义[M]. 黄兰谷, 译. 北京: 中国建筑工业出版社, 2003.

41. 范国睿. 多元与融合——多维视野中的学校发展[M]. 北京: 教育科学出版社, 2002.

42. 林玉莲, 胡正凡. 环境心理学[M]. 北京: 中国建筑工业出版社, 2000.

43. 肯尼斯·弗兰姆普敦. 现代建筑: 一部批判的历史[M]. 张钦南, 等译. 北京: 生活·读书·新知三联书店, 2014.

44. 迪南·德·索绪尔. 索绪尔第三次普通语言学教程[M]. 屠友祥, 译. 上海: 上海人民出版社, 2002.

45. 罗伯特·斯莱文. 教育心理学[M]. 吕红梅, 姚梅林, 译. 北京: 人民邮电出版社, 2016.

46. 罗伯特·鲍威尔. 学校建筑——新一代校园[M]. 翁鸿珍, 译. 天津: 天津大学出版社, 2002.

47.罗杰·特兰西克.寻找失落空间——城市设计的理论[M].朱子瑜，译.北京：中国建筑工业出版社，2008.

48.罗杰·斯克鲁顿.建筑美学[M].刘先觉，译.北京：中国建筑工业出版社，2003.

49.凯文·林奇.城市意象[M].方益萍，何晓军，译.北京：华夏出版社，2001.

50.金观涛.轴心文明与现代社会[M].上海：东方出版社，2021.

51.卒姆托.思考建筑[M].张宇，译.北京：中国建筑工业出版社，2010.

52.柯林·罗.拼贴城市[M].童明，译.上海：同济大学出版社，2021.

53.徐磊青.环境心理学[M].上海：同济大学出版社，2002.

54.爱弥尔·涂尔干.教育思想的演进[M].李康，译.上海：上海人民出版社，2006.

55.斋藤茂男.何谓教育[M].王天然，译.杭州：浙江人民出版社，2022.

56.诺伯格·舒尔茨.实存·空间·建筑[M].王淳隆，译.台北：台隆书店，1985.

57.诺伯舒兹.场所精神——迈向建筑现象学[M].施植明，译.武汉：华中科技大学出版社，2020.

58.诺曼·K·布思.风景园林设计要素[M].曹礼昆,曹德鲲,译.北京:中国林业出版社,1989.

59.理查德·P·多贝尔.校园景观——功能、形式、实例[M].北京:中国水利水电出版社,2006.

60.龚兆先,潘安.教育建筑[M].武汉:武汉工业大学出版社,2000.

61.康德.判断力批判[M].宗白华,译.北京:商务印书馆,1964.

62.渠敬东,王楠.自由与教育[M].北京:生活·读书·新知三联书店,2012.

63.斯蒂文·霍尔.锚[M].符济湘,译.天津:天津大学出版社,2010.

64.程大锦.建筑:形式、空间、秩序[M].天津:天津大学出版社,2005.

65.强海燕.中、美、加、英四国基础教育研究[M].北京:人民教育出版社,2005.

66.歌德.少年维特的烦恼[M].杨武能,译.北京:人民文学出版社,2015.

67.戴圣.礼记[M].上海:上海古籍出版社,1991.

附　录

　　本附录为本书中出现的图片的正文位置、图题情况、图片来源情况的汇总。

- 正文第 2 页：三垟湿地。图片来源：作者自绘。
- 正文第 7 页：温州中学·在教学楼架空层眺望敏秀园。图片来源：作者自绘。
- 正文第 10 页：温州中学·校史岛。图片来源：作者自绘。
- 正文第 12 页：温州中学·榆树。图片来源：作者自绘。
- 正文第 15 页：温州中学·榕树。图片来源：作者自绘。
- 正文第 17 页：孙诒让。图片来源：温州中学校史馆。
- 正文第 17 页：温州府学堂官图。图片来源：清·李琬修《温州府志》。
- 正文第 18 页：温州中学·朱自清铜像。图片来源：作者自摄。
- 正文第 20~21 页：温州中学·校史岛。图片来源：作者自绘。
- 正文第 26 页：小径与紫藤花。图片来源：作者自绘。
- 正文第 30 页：温州中学·孙诒让雕塑。图片来源：作者自绘。
- 正文第 32 页：泡桐花。图片来源：作者自绘。

- 正文第 34 页：雨后初晴的三垟湿地。图片来源：作者自绘。

- 正文第 35 页：以"校园文化"为主题总体趋势分析。图片来源：作者自绘。

- 正文第 37 页：以"校园文化"为主题学科分布分析。图片来源：作者自绘。

- 正文第 37 页：关键词聚类分析图。图片来源：作者自绘。

- 正文第 37 页：关键词突变分析图。图片来源：作者自绘。

- 正文第 43 页：以"中学校园文化"为主题总体趋势分析图。图片来源：作者自绘。

- 正文第 43 页：以"中学校园文化"为主题学科分布分析图。图片来源：作者自绘。

- 正文第 48 页：温州中学·柱础。图片来源：何勇摄。

- 正文第 57 页：月下的三垟湿地。图片来源：作者自绘。

- 正文第 64 页：温州中学·怀籀亭。图片来源：作者自绘。

- 正文第 66 页：温州中学·榕树树根。图片来源：何勇摄。

- 正文第 70 页：香枫树。图片来源：作者自绘。

- 正文第 74~75 页：温州中学·步青广场。图片来源：作者自绘。

- 正文第 76 页：温州中学·老校区被炸纪念碑。图片来源：作者自绘。

- 正文第 80 页：温州中学·蜡梅。图片来源：作者自绘。

- 正文第 82~83 页：温州中学·毓秀园。图片来源：作者自绘。

- 正文第 86 页：松果。图片来源：作者自绘。

- 正文第 88 页：温州中学·校史岛休息角的少年们。图片来源：作者自绘。

- 正文第 96 页：万松书院的松树。图片来源：作者自绘。

- 正文第 105 页：温州中学·在匡国小道上眺望美育小岛。图片来源：作者自绘。

- 正文第 113 页：温州中学·教学楼架空层。图片来源：作者自绘。

- 正文第 121 页：温州中学·校史岛春草池。图片来源：作者自绘。

- 正文第 122~123 页：温州中学·美育小岛。图片来源：作者自绘。

- 正文第 126 页：温州中学·在亲水平台眺望校史岛。图片来源：作者自绘。

- 正文第 129 页：温州中学·校史岛蓝色长河。图片来源：作者自绘。

- 正文第 132~133 页：温州中学·步青广场。图片来源：作者自绘。

- 正文第 138 页：盛开的蜡梅。图片来源：作者自绘。

- 正文第 146 页：枫香叶。图片来源：作者自绘。

- 正文第 149 页：温州中学·毓秀园。图片来源：作者自绘。

- 正文第 153 页：温州中学·校史岛活动角。图片来源：作者自绘。

- 正文第 155 页：梅花。图片来源：作者自绘。

- 正文第 159 页：温州中学·匡国小道。图片来源：作者自绘。

- 正文第 162 页：温州中学·毓秀园。图片来源：作者自绘。

- 正文第 168 页：温州中学·步青广场学生活动室。图片来源：作者自绘。

- 正文第 170 页：温州中学·校史岛复建校门。图片来源：作者自绘。

- 正文第 174 页：温州中学·在思贤桥上眺望数学馆。图片来源：作者自绘。

- 正文第 180~181 页：温州中学·美育小岛沉思角。图片来源：作者自绘。

- 正文第 184 页：温州中学·数学馆。图片来源：作者自绘。

- 正文第 189 页：温州中学·体育节。图片来源：何勇摄。

- 正文第 191 页：陈叔平先生退休纪念碑。图片来源：何勇摄。

- 正文第 194 页：浙江大学玉泉校区"求是创新"铭文。图片

来源：作者自绘。

- 正文第 198 页："温州中学牛·学霸日历"。图片来源：浙江省温州中学微信公众号。

- 正文第 199 页：浙江大学紫金港校区学生街入口背景墙。图片来源：作者自摄。

- 正文第 203 页：温州中学·睡莲。图片来源：何勇摄。

- 正文第 206 页：紫藤花。图片来源：作者自绘。

- 正文第 209 页：东山书院。图片来源：清·李琬修《温州府志》。

- 正文第 209 页：中山书院。图片来源：清·李琬修《温州府志》。

- 正文第 209 页：温州府学堂第一届毕业生。图片来源：温州中学校史馆。

- 正文第 211 页：仓桥校区校门。图片来源：温州中学校史馆。

- 正文第 211 页：道司前校区校门。图片来源：温州中学校史馆。

- 正文第 212 页：青田水南村栖霞寺。图片来源：温州中学校史馆。

- 正文第 212 页：三滩村元坛庙。图片来源：温州中学校史馆。

- 正文第 213 页：九山校区。图片来源：温州中学校史馆。

- 正文第 214 页：三垟湿地校区。图片来源：何旗风摄。

- 正文第 218 页："七山二水一分田"的温州风貌。图片来源：何勇摄。

- 正文第 221 页：银杏与温州中学二十四节气。图片来源：何勇摄。

- 正文第 223 页：温州中学校友捐献文化石。图片来源：何勇摄。

- 正文第 224 页：温州中学·漫步小径。图片来源：作者自绘。

- 正文第 229 页：温州中学·步青广场透水铺装。图片来源：作者自绘。

- 正文第 230 页：温州中学·数学馆。图片来源：作者自绘。

- 正文第 234 页：温州中学·匡国小道。图片来源：作者自绘。

- 正文第 238 页："百年学府与先贤办学"文化场景鸟瞰图。图片来源：作者自绘。

- 正文第 240 页：三垟湿地鸟瞰图。图片来源：何勇摄。

- 正文第 242 页：像素化的复建校门。图片来源：作者自绘。

- 正文第 245 页："远看为古、近看为现"的籀公祠复建。图片来源：作者自绘。

- 正文第 246 页：蓝色长河——温州中学历史轴。图片来源：作者自绘。

- 正文第 247 页：历史载体与景观小径。图片来源：作者自绘。

- 正文第 248 页："进步学生的摇篮"文化场景鸟瞰图。图片来源：作者自绘。

- 正文第 250~251 页："万籁此俱寂，但余钟磬音"的美育小岛。图片来源：作者自绘。

- 正文第 253 页：流线型的"美育之径"。图片来源：作者自绘。

- 正文第 254 页：融入环境、润物无声的入口九曲桥及"老校区被炸纪念碑"。图片来源：作者自绘。

- 正文第 256 页："未来科学家的摇篮"文化场景鸟瞰图。图片来源：作者自绘。

- 正文第 260 页：步青广场的中心空间。图片来源：作者自绘。

- 正文第 262 页：毓秀园。图片来源：作者自绘。

- 正文第 265 页：图书馆大台阶。图片来源：作者自绘。

- 正文第 268 页：文化校园设计要素整理。图片来源：作者自绘。

- 正文第 269 页：文化校园设计理念归纳。图片来源：作者自绘。

- 正文第 270 页：文化校园规划策略定制。图片来源：作者自绘。

- 正文第 271 页：文化校园规划总图。图片来源：作者自绘。

- 正文第 272 页：双线主轴规划。图片来源：作者自绘。

- 正文第 272 页：分区场景规划。图片来源：作者自绘。

- 正文第 273 页：分区建设规划。图片来源：作者自绘。

- 正文第 273 页：校友互动规划。图片来源：作者自绘。

- 正文第 274 页：文化校园场景示例（1）：百年学府与先贤办学场景。图片来源：作者自绘。

- 正文第 275 页：文化校园场景示例（2）：进步学生的摇篮。图片来源：作者自绘。

- 正文第 276 页：文化校园场景示例（3）：未来科学家的摇篮。图片来源：作者自绘。

- 正文第 277 页：文化校园节点示例（1）：数学馆。图片来源：作者自绘。

- 正文第 278 页：文化校园节点示例（2）：过道改造、合影幕、校史馆。图片来源：作者自绘。

- 正文第 280 页：乌桕。图片来源：作者自绘。

- 正文第 286 页：温州中学·椵树。图片来源：作者自绘。